Mon cahier d'orientation

5e > 4e > 3e

Sous la direction de
Clément Fantoli

Fabrice Béthune
Professeur / Formateur / Coordonnateur Parcours Avenir

Clément Fantoli
Professeur / Formateur

bordas
éditeur

Ton cahier d'orientation

Ce cahier d'orientation a été pensé pour t'aider à t'orienter au cycle 4 (en classe ou à la maison). Cependant, l'orientation n'est pas une chose aisée et avant même d'envisager son avenir, il est primordial de passer par plusieurs étapes.

Je m'informe sur les métiers et les secteurs

Dans un premier temps, nous te proposons de découvrir les secteurs d'activités et les métiers au travers de **cartes mentales**, de **questionnaires** et de **ressources vidéos**.

Je me prépare au stage et à l'oral de 3e

Dans un deuxième temps, nous te donnerons des **conseils** pour trouver un stage qui te correspond, le réussir, rédiger ton rapport de stage et le présenter.

Des conseils te seront également donnés pour réussir ton oral de 3e.

JE DONNE MON AVIS !

Nous sommes bien conscients que ta réflexion sur l'orientation va évoluer tout au long du cycle 4, c'est pourquoi nous te demanderons systématiquement **ton avis sur les métiers**, **les secteurs**, **les filières**... pour te permettre de t'exprimer au moment de la découverte. Ainsi, lorsque tu reliras plus tard ce que tu as écrit, tu pourras t'apercevoir que ta pensée a évolué.

J'apprends à me connaître

Avant de découvrir les filières proposées en lycée, tu auras la possibilité d'apprendre à mieux te connaître en remplissant des **questionnaires** dont le résultat permettra de te guider sur ce qui pourrait te correspondre.

Je découvre les orientations possibles

Pour finir et avant de te lancer dans cette nouvelle aventure qu'est le lycée, nous te présenterons, toujours de manière ludique, les différentes **filières, options et diplômes proposés** après la classe de Troisième.

DES RESSOURCES INTERACTIVES SONT ÉGALEMENT À TA DISPOSITION !

Des ressources vidéos à visionner sur le site de l'Onisep, des questionnaires, des sites internet utiles

onisep

Des fiches téléchargeables

Flashe le QR-code avec ton smartphone ou ta tablette

Ou utilise le mini-lien disponible sous le QR-code

bordas.media/740262_01

 – ISBN : 978-2-04-740262-7

EN RÉSUMÉ

Un cahier, plein de possibilités !

Découvrir des métiers et des entreprises

Pour découvrir des métiers et des entreprises en organisant, au travers de fiches, des visites et des rencontres. Mais également des vidéos disponibles en ligne.

Parcours avenir

Ce cahier s'ancre parfaitement dans le parcours avenir, de la découverte des métiers à la présentation des différentes orientations possibles.

Des positionnements

Pour prendre en compte ton avis et l'évolution de tes pensées sur les secteurs, les métiers et les filières.

Des conseils

Pour trouver un stage, le réussir, aborder sereinement l'oral de 3e et choisir l'orientation qui te correspond.

Des cartes mentales

Pour découvrir de manière graphique les secteurs, les métiers et les filières.

Des questionnaires

Pour te rendre acteur et t'impliquer dans la découverte du monde professionnel, dans la connaissance de toi-même et dans le choix de ton orientation.

EXEMPLES DE PROGRESSIONS

Voici quelques possibilités d'organisation dans l'utilisation du cahier d'orientation :

	5e	4e	3e
Proposition n° 1	Découverte des 16 secteurs et mini-projets	Découverte de métiers	Découverte des filières, réalisation du stage, connaissance de soi, positionnement sur l'orientation
Proposition n° 2	Découverte de 8 secteurs et de métiers correspondants	Découverte de 8 secteurs et de métiers correspondants Mini-projet	Découverte des filières, réalisation du stage, connaissance de soi, positionnement sur l'orientation
Proposition n° 3		Découverte des 16 secteurs et métiers Mini-projets	Découverte des filières, réalisation du stage, connaissance de soi, positionnement sur l'orientation
Proposition n° 4			Découverte des secteurs, métiers, filières, réalisation du stage, connaissance de soi, positionnement sur l'orientation

Sommaire

Je m'informe sur les métiers et les secteurs

Secteur 1 LES ANIMAUX, L'AGRICULTURE ET L'AGROALIMENTAIRE

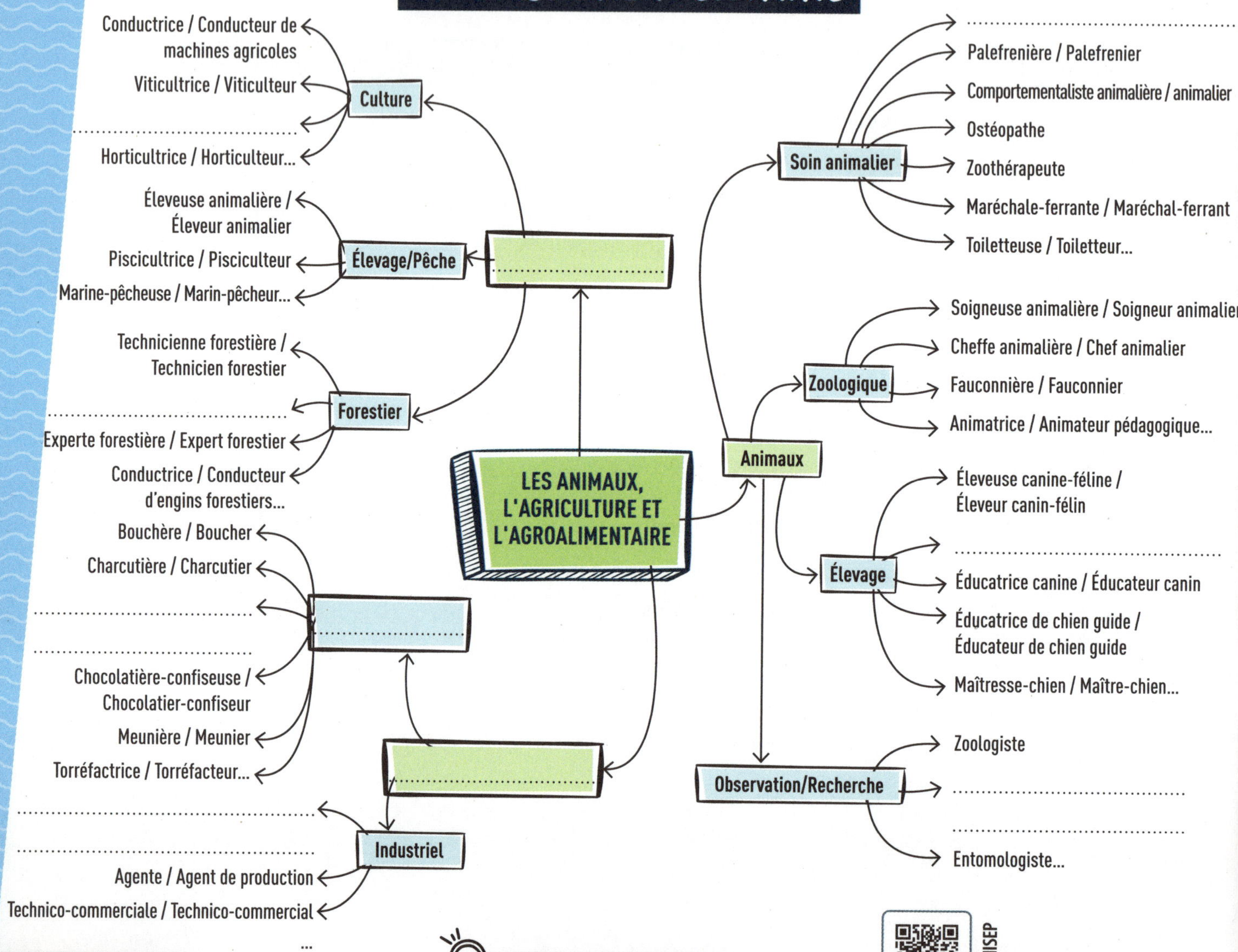

© ONISEP
bordas.media/740262_01

TRAVAIL À FAIRE

1 À partir de tes connaissances ou d'une recherche, **place les sous-secteurs suivants sur la carte mentale** : « Agroalimentaire », « Artisanat » et « Agriculture ».

2 **Place sur la carte mentale le nom des métiers suivants :** *Maraîchère/Maraîcher ; Vétérinaire ; Éleveuse/Éleveur équestre ; Photographe animalière/animalier ; Acheteuse industrielle/Acheteur industriel ; Boulangère-pâtissière/Boulanger-pâtissier ; Bûcheronne/Bûcheron.*

ZOOM SUR UN MÉTIER

3 À partir de la vidéo et de la fiche métier du site Onisep, **complète le tableau pour le métier d'horticultrice ou d'horticulteur.**

Missions	Niveau d'étude minimum	Centres d'intérêt
....	....	....
....	....	....
....	....	....
....	....	....
....	....	....
....	....	....

Effectue des recherches pour compléter les fiches métiers.

OUVRIÈRE / OUVRIER D'EXPLOITATION FORESTIÈRE

Missions

- ....
- ....
- ....
- ....

Qualités requises

- Avoir le sens de l'orientation
- Être habile
- Être endurant(e)
- Être autonome
- Respecter les règles de sécurité

Études

....

....

....

Découvre en vidéo

© ONISEP

bordas.media/740262_02

Questionnaire

Barre la ou les affirmations fausses :

- Les ouvrières d'exploitation forestière peuvent exercer leur métier sans connaissance des règles de sécurité.
- Le BPA Travaux forestiers dure 2 ans.
- Les ouvriers d'exploitation entretiennent eux-mêmes leur matériel.

Mon ressenti actuel sur le métier

....

....

....

....

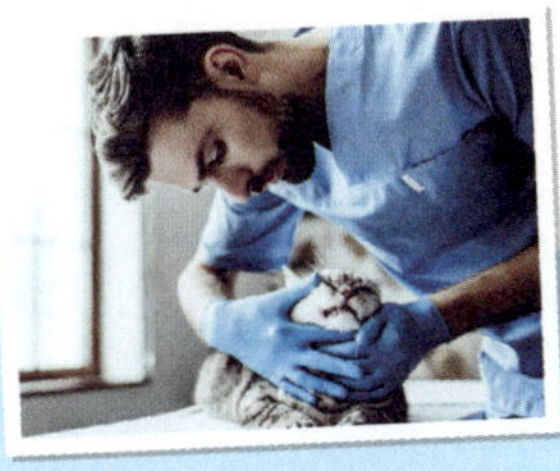

VÉTÉRINAIRE

Missions

- ....
- ....
- ....
- ....
- ....

Qualités requises

- Aimer les animaux
- Être patient(e) et rigoureux(se)
- Être habile et rapide
- Être endurant(e) (pour les animaux de ferme notamment)

Études

....

....

Découvre en vidéo

© ONISEP

bordas.media/740262_03

Questionnaire

Coche la ou les bonnes réponses :

Pour exercer en ville, un vétérinaire :

- ☐ peut ne connaître qu'une seule espèce d'animaux
- ☐ doit connaître toutes les espèces d'animaux
- ☐ doit connaître les espèces courantes d'animaux

Mon ressenti actuel sur le métier

....

....

....

Secteur 2

L'ARMÉE, LA SÉCURITÉ ET LES SECOURS

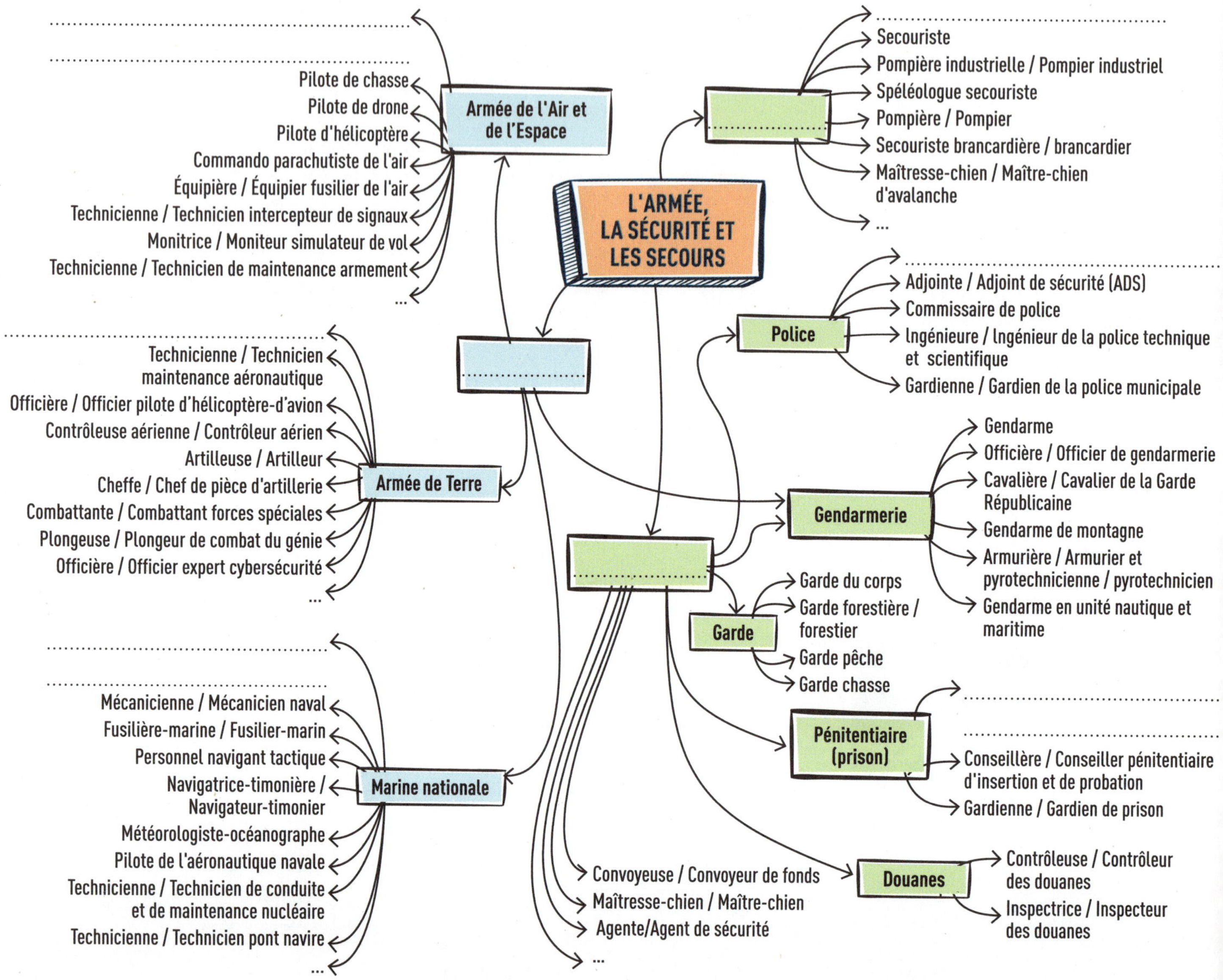

TRAVAIL À FAIRE

1 À partir de tes connaissances ou d'une recherche Internet, **place les trois sous-secteurs suivants sur la carte mentale** : « Armée », « Sécurité » et « Secours ».

2 **Place sur la carte mentale le nom des métiers suivants :** *Officière/Officier renseignement domaine spatial ; Détectrice/Détecteur anti sous-marins ; Cheffe/Chef d'engin blindé ; Gardienne/Gardien de la paix ; Ambulancière/Ambulancier ; Directrice/Directeur des services pénitentiaires.*

ZOOM SUR UN MÉTIER

© ONISEP

bordas.media/740262_04

3 À partir de la vidéo et de la fiche métier du site Onisep, **complète le tableau pour le métier d'officière ou d'officier responsable de la navigation et des opérations maritimes.**

Missions	Niveau d'étude minimum	Qualités requises
....	....	....
....	....	....
....	....	....
....	....	....
....	....	....
....	....	....

Effectue des recherches pour compléter les fiches métiers.

COMMISSAIRE DE POLICE

Missions

– ……………………………………………
– ……………………………………………
– ……………………………………………
– ……………………………………………
– ……………………………………………

Qualités requises

– Grande disponibilité
– Mobilité
– Sens des responsabilités
– Autonomie

Études

……………………………………………
……………………………………………
……………………………………………
……………………………………………

Découvre en vidéo

© ONISEP

bordas.media/740262_05

Questionnaire

Coche la ou les bonnes réponses :

Pour passer le concours de commissaire de police, il faut :

- [ ] avoir moins de 40 ans
- [ ] avoir au moins 35 ans
- [ ] être titulaire d'une licence
- [ ] être titulaire d'un Master

Quels sont les services dans lesquels peut exercer un commissaire de police ?

- [ ] Mineurs
- [ ] Stupéfiants
- [ ] Trafic routier
- [ ] Formation

Mon ressenti actuel sur le métier

……………………………………………
……………………………………………
……………………………………………

MAÎTRESSE / MAÎTRE-CHIEN

Missions

– ……………………………………………
– ……………………………………………
– ……………………………………………
– ……………………………………………

Qualités requises

– Rigueur
– Complicité avec le chien
– Habilité et rapidité
– Endurance

Études

……………………………………………
……………………………………………
……………………………………………
……………………………………………

Découvre en vidéo

© ONISEP

bordas.media/740262_06

Questionnaire

Écris les bonnes réponses :

C'est la condition liée à l'âge pour devenir maître-chien : ……………………………

Le chien et le maître-chien doivent l'être :

……………………………

Le chien peut y participer pour trouver des personnes ou des stupéfiants : ……………

C'est celui qui forme le chien :

……………………………

Mon ressenti actuel sur le métier

……………………………………………
……………………………………………
……………………………………………

Secteur 3

LE BÂTIMENT, LES TRAVAUX PUBLICS L'ARCHITECTURE

LE BÂTIMENT, LES TRAVAUX PUBLICS, L'ARCHITECTURE

....

- ....
- Architecte
- Assistante / Assistant en architecture
- Créatrice / Créateur d'environnements virtuels
- BIM Manager
- Géomètre-topographe
- Urbaniste
- Paysagiste
- ...

....

- ....
- ....
- ....
- ....
- Cheffe / Chef de chantier
- Conductrice / Conducteur d'engins de travaux publics
- Constructrice / Constructeur de réseaux de canalisations
- Conductrice / Conducteur de travaux
- Ingénieure / Ingénieur de travaux
- Monteuse / Monteur de réseaux électriques
- Mécanicienne / Mécanicien d'engins
- Technicienne / Technicien en engins de travaux publics
- Ingénieure électricienne / Ingénieur électricien
- Économiste de la construction
- Ingénieure / Ingénieur structures
- Ingénieure / Ingénieur fluides, énergies, réseaux, environnement
- Ingénieure / Ingénieur études
- Coffreuse-boiseuse / Coffreur-boiseur
- ...

....

- ....
- ....
- Ingénieure / Ingénieur en génie climatique
- Peintre en bâtiment
- Plombière / Plombier
- Carreleuse-mosaïste / Carreleur-mosaïste
- Charpentière / Charpentier
- Électricienne / Électricien
- Menuisière-agenceuse / Menuisier-agenceur
- Plâtrière-plaquiste / Plâtrier-plaquiste
- Tailleuse / Tailleur de pierre
- ...

LE SAIS-TU ? Dans le bâtiment, la part des femmes était de 12,3 % en 2020. Une entreprise sur deux est dirigée ou co-dirigée par une femme.

TRAVAIL À FAIRE

1 À partir de tes connaissances ou de recherches Internet, **explique la différence entre les sous-secteurs « Bâtiment » et « Travaux publics ».**

....

....

....

....

2 **Place les trois sous-secteurs suivants sur la carte mentale :** *« Bâtiment » ; « Travaux publics » ; « Architecture ».*

3 **Place sur la carte mentale le nom des métiers suivants :** *Architecte d'intérieur ; Maçonne/Maçon ; Constructrice/Constructeur en ouvrages d'art ; Constructrice/Constructeur de routes ; Couvreuse/Couvreur.*

4 **Sur la carte mentale, souligne en bleu tous les métiers que tu connais et en rouge 3 métiers que tu aimerais découvrir.**

ZOOM SUR UN MÉTIER

© ONISEP

bordas.media/740262_07

5 À partir de la vidéo et de la fiche métier du site Onisep, **complète le tableau pour le métier de constructrice ou constructeur en béton armé.**

Missions	Niveau d'étude minimum	Centres d'intérêt
....	....	....
....	....	....
....	....	....
....	....	....
....	....	....
....	....	....
....	....	....

Effectue des recherches pour compléter les fiches métiers.

ARCHITECTE

Missions

- ....
- ....
- ....
- ....
- ....

Qualités requises

- Être organisé(e)
- Être autonome
- Connaître les réglementations
- Être créatif(ve)

Études

....
....
....
....

Découvre en vidéo

© ONISEP
bordas.media/740262_08

Questionnaire

Barre les affirmations fausses :

- L'architecte peut exercer dans une entreprise en tant que salarié.
- Un architecte peut exercer à son compte uniquement avec un DEA.
- Le métier d'architecte requiert principalement d'être créatif.

Mon ressenti actuel sur le métier

....
....
....
....
....

CONSTRUCTRICE / CONSTRUCTEUR DE RÉSEAUX DE CANALISATION

Missions

- ....
- ....
- ....
- ....
- ....

Qualités requises

- Rigueur
- Endurance
- Connaissance des normes et réglementation

Études

....
....
....
....

Découvre en vidéo

© ONISEP
bordas.media/740262_09

Questionnaire

Colorie les missions d'un constructeur de réseaux de canalisation :

- Dessiner les plans d'implantation
- Réparer les réseaux
- Installer les canalisations
- Respecter les normes
- Concevoir les réseaux de canalisation

Mon ressenti actuel sur le métier

....
....
....

Je m'informe sur les métiers et les secteurs

Secteur 4

LA BANQUE ET LA FINANCE, L'ASSURANCE, L'IMMOBILIER

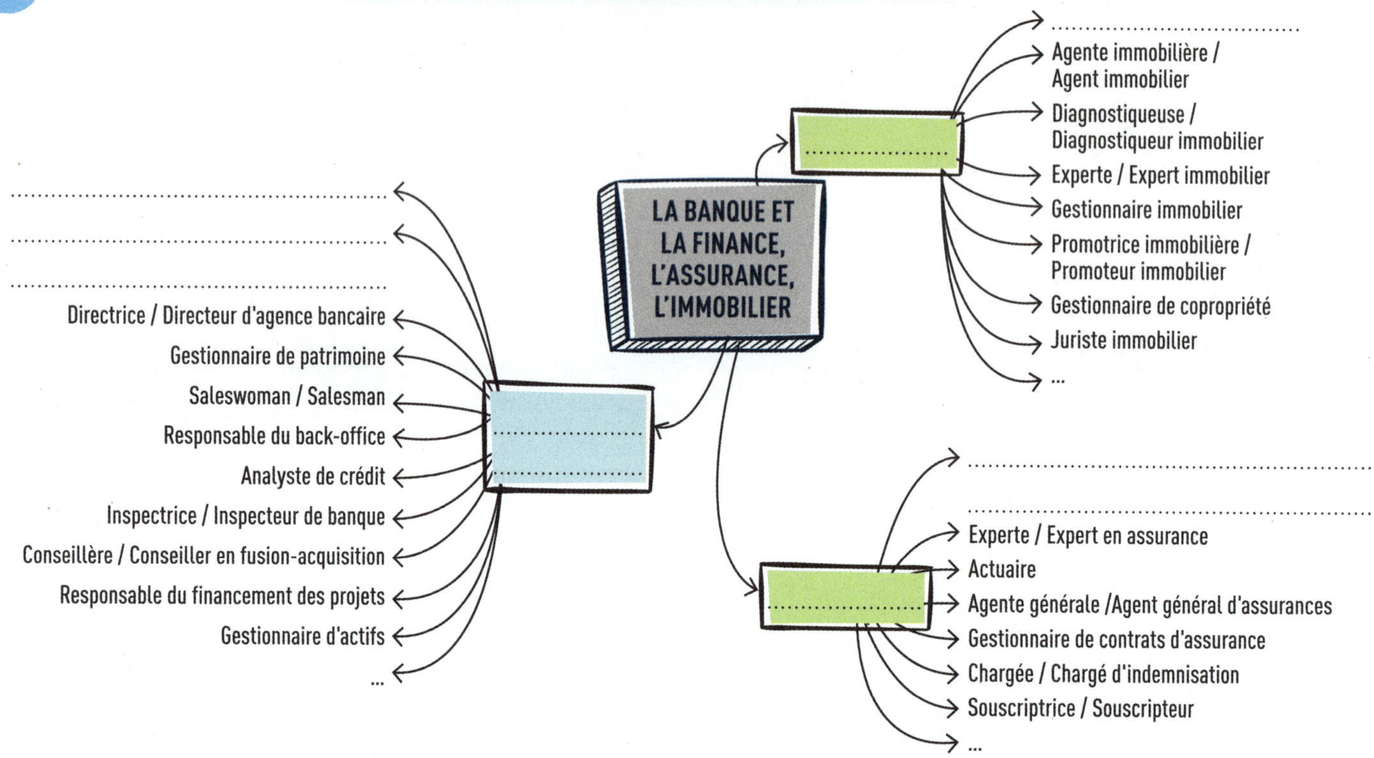

TRAVAIL À FAIRE

1 À partir de tes propres connaissances ou de recherches Internet, **donne une définition succincte d'un trader et d'un courtier en assurance.**

• Trader : ....

....

• Courtier en assurance : ....

....

....

2 Place les trois sous-secteurs suivants sur la carte mentale : *« Banque-Finance » ; « Immobilier » ; « Assurance ».*

3 Place sur la carte mentale le nom des métiers suivants : *Trader ; Notaire ; Courtière/Courtier en assurances ; Agente/Agent d'accueil en agence bancaire ; Contrôleuse/Contrôleur sinistres.*

4 Sur la carte mentale, souligne en bleu tous les métiers que tu connais et en rouge 3 métiers que tu aimerais découvrir.

LE SAIS-TU ?

Les femmes représentent 57 % des effectifs dans la banque. Leur part dans l'encadrement continue d'augmenter, passant à 49 % en 2020.

ZOOM SUR UN MÉTIER

© ONISEP

bordas.media/740262_10

5 À partir de la vidéo et de la fiche métier du site Onisep, **complète le tableau pour le métier de directrice ou directeur d'agence bancaire.**

Missions	Niveau d'étude minimum	Qualités requises
....	....	....
....	....	....
....	....	....
....	....	....
....	....	....
....	....	....
....	....	....

Effectue des recherches pour compléter les fiches métiers.

SALESWOMAN / SALESMAN

Missions

- ....
- ....
- ....
- ....

Qualités requises

- Grosse capacité de travail
- Réactivité, gestion du stress
- Analyse et anticipation
- Capacité de négociation

Études

....

....

....

....

....

Découvre le métier

© ONISEP

bordas.media/740262_11

Questionnaire

Barre les affirmations fausses :

- Les journées de travail d'une saleswoman commencent très tôt.
- La journée de travail d'une saleswoman se termine à 17 h, heure de cloture des marchés.
- Le métier de salesman s'étale en général sur beaucoup d'années (carrière longue).

Mon ressenti actuel sur le métier

....

....

....

....

....

GESTIONNAIRE DE CONTRATS D'ASSURANCE

Missions

- ....
- ....
- ....
- ....
- ....

Qualités requises

- Rigueur
- Connaissances juridiques
- Capacité d'écoute

Études

....

....

....

....

....

Découvre en vidéo

© ONISEP

bordas.media/740262_12

Questionnaire

Coche les bonnes réponses :

- Le (la) gestionnaire de contrats d'assurance intervient dans le processus d'indemnisation des sinistres :

☐ Vrai ☐ Faux

- Il est possible d'exercer ce métier avec un :

☐ BTS Assurance
☐ BUT Carrières juridiques
☐ Master Droit des assurances
☐ BTS Commerce

Mon ressenti actuel sur le métier

....

....

....

....

Je m'informe sur les métiers et les secteurs

Secteur 5

LA SANTÉ, LE MÉDICAL, LE SOCIAL, LE SERVICE À LA PERSONNE

LA SANTÉ, LE MÉDICAL, LE SOCIAL, LE SERVICE À LA PERSONNE

....

- ....
- ....
- Audioprothésiste
- Assistante / Assistant dentaire
- Ambulancière / Ambulancier
- Brancardière / Brancardier
- Diététicienne / Diététicien
- Ergothérapeute
- Infirmière / Infirmier
- Masseuse / Masseur-kinésithérapeute
- Opticienne-lunetière / Opticien-lunetier
- Orthophoniste
- Orthoprothésiste
- Ostéopathe
- Orthoptiste
- Pédicure-podologue
- Puéricultrice / Puériculteur
- Secrétaire médicale / Secrétaire médical
- Manipulatrice / Manipulateur radio
- Psychologue
- ...

....

- ....
- Chirurgienne-dentiste / Chirurgien-dentiste
- Médecin spécialiste
- Pharmacienne / Pharmacien
- Gynécologue-obstétricienne / Gynécologue obstétricien
- Chirurgienne / Chirurgien
- Maïeuticien/Sage-femme
- ...

....
....

- ....
- Aide médico-psychologique (AMP)
- Auxiliaire de vie sociale (AVS)
- Garde d'enfants à domicile
- Technicienne / Technicien de l'intervention sociale et familiale (TISF)
- Assistante maternelle / Assistant maternel
- Animatrice socioculturelle / Animateur socioculturel
- Assistante / Assistant de service social
- Conseillère /Conseiller en insertion sociale et professionnelle
- Éducatrice spécialisée / Éducateur spécialisé
- ...

TRAVAIL À FAIRE

1 À partir de tes propres connaissances ou de recherches Internet, **donne la définition du mot « Paramédical » :**

....
....
....
....
....

2 **Place les trois sous-secteurs suivants sur la carte mentale :** *« Social, Service à la personne » ; « Paramédical » ; « Médical ».*

3 **Place sur la carte mentale le nom des métiers suivants :** *Médecin généraliste ; Aide à domicile ; Auxiliaire de puériculture ; Aide-soignante / Aide-soignant.*

4 **Sur la carte mentale, souligne en bleu tous les métiers que tu connais et en rouge 3 métiers que tu aimerais découvrir.**

LE SAIS-TU ? Il existe plus de **200 métiers** liés au secteur de la santé. Les hommes représentent plus de **25 %** des effectifs.

© ONISEP
bordas.media/740262_13

ZOOM SUR UN MÉTIER

5 À partir de la vidéo et de la fiche métier du site Onisep, **complète le tableau pour le métier d'auxiliaire de vie sociale.**

Missions	Niveau d'étude minimum	Centres d'intérêt
....	....	....
....	....	....
....	....	....
....	....	....
....	....	....

Effectue des recherches pour compléter les fiches métiers.

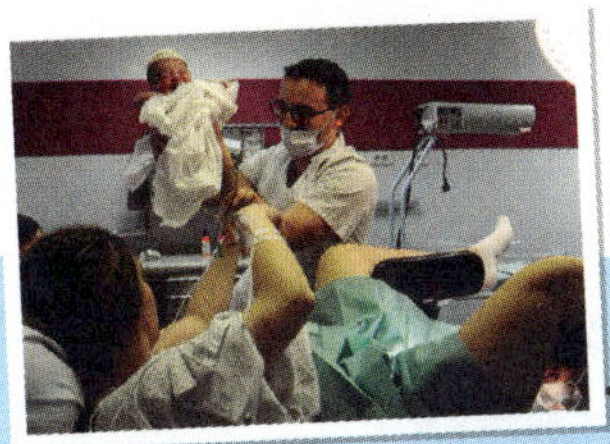

SAGE-FEMME / MAÏEUTICIEN

Missions

- ....
- ....
- ....
- ....

Qualités requises

- Sens du relationnel
- Réactivité
- Endurance
- Gestion du stress
- Stabilité émotionnelle

Études

....

Découvre en vidéo

bordas.media/740262_14

© ONISEP

Questionnaire

Coche les bonnes réponses :

- Le diplôme d'État de sage-femme est un diplôme :

☐ bac + 3 ☐ bac + 4
☐ bac + 5 ☐ bac + 6

- Les maïeuticiens peuvent conseiller les :

☐ futures mères ☐ futurs pères
☐ femmes

- Les sages-femmes travaillent avec les chirurgiens :

☐ Vrai ☐ Faux

Mon ressenti actuel sur le métier

....
....
....
....

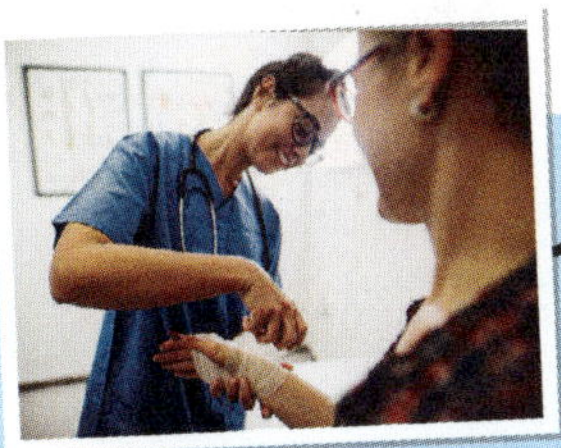

INFIRMIÈRE / INFIRMIER

Missions

- ....
- ....
- ....
- ....

Qualités requises

- Rigueur
- Grande résistance physique
- Connaissances théoriques et pratiques
- Grande vigilance
- Capacité d'écoute
- Sens du dialogue

Études

....
....

Découvre en vidéo

bordas.media/740262_15

© ONISEP

Questionnaire

- Entoure les spécialités possibles de l'infirmière :

Analyste — Pratique avancée — Puéricultrice — Chirurgienne — Anesthésiste — Bloc opératoire

Mon ressenti actuel sur le métier

....
....
....
....

Je m'informe sur les métiers et les secteurs

Secteur 6

LE COMMERCE, LA DISTRIBUTION LE MARKETING

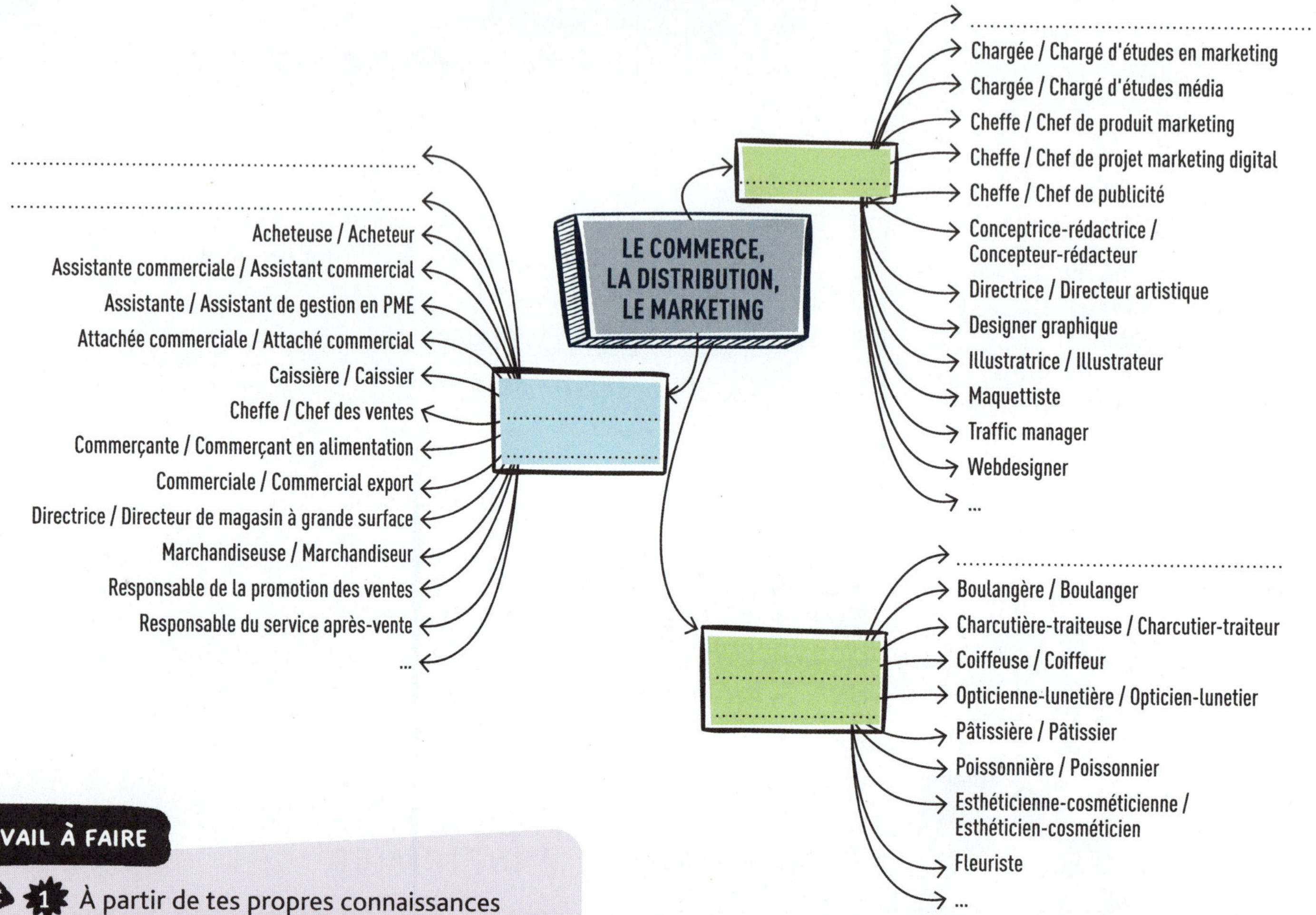

TRAVAIL À FAIRE

1 À partir de tes propres connaissances ou de recherches Internet, **donne une définition succincte des mots « Distribution » et « Marketing ».**

• Distribution : ....

....

• Marketing : ....

....

....

2 **Place les trois sous-secteurs suivants sur la carte mentale :** *« Commerce-Distribution » ; « Marketing » ; « Artisanat-Commerce ».*

3 **Place sur la carte mentale le nom des métiers suivants :** *Cheffe/Chef de rayon ; Vendeuse/Vendeur ; Assistante/Assistant marketing ; Bouchère/Boucher.*

4 **Sur la carte mentale, souligne en bleu tous les métiers que tu connais et en rouge 3 métiers que tu aimerais découvrir.**

LE SAIS-TU ? Sur l'ensemble des secteurs commerciaux, plus de **40 %** des postes sont occupés par des hommes.

© ONISEP

bordas.media/740262_16

ZOOM SUR UN MÉTIER

5 À partir de la vidéo et de la fiche métier du site Onisep, **complète le tableau pour le métier de fleuriste.**

Missions	Niveau d'étude minimum	Centres d'intérêt
....	....	....
....	....	....
....	....	....
....	....	....
....	....	....

Effectue des recherches pour compléter les fiches métiers.

ACHETEUSE / ACHETEUR

Missions

– ……………………………………………………
– ……………………………………………………
– ……………………………………………………
– ……………………………………………………

Qualités requises

– Sens du relationnel, réactivité
– Endurance, gestion du stress
– Intuition

Études

……………………………………………………
……………………………………………………
……………………………………………………
……………………………………………………
……………………………………………………
……………………………………………………

Découvre en vidéo

© ONISEP
bordas.media/740262_17

Questionnaire

Coche la ou les bonnes réponses :
L'acheteur permet de réduire les coûts de production d'un produit en :

- ☐ sélectionnant les fournisseurs
- ☐ négociant le prix des matières premières
- ☐ gérant les stocks
- ☐ négociant le salaire des ouvriers

Mon ressenti actuel sur le métier

……………………………………………………
……………………………………………………
……………………………………………………
……………………………………………………
……………………………………………………

CHEFFE / CHEF DE PROJET MARKETING

Missions

– ……………………………………………………
– ……………………………………………………
– ……………………………………………………
– ……………………………………………………

Qualités requises

– Parler anglais
– Être créatif(ve)
– Savoir négocier
– Avoir l'esprit d'équipe
– Être très disponible

Études

……………………………………………………
……………………………………………………
……………………………………………………
……………………………………………………

Découvre en vidéo

© ONISEP
bordas.media/740262_18

Questionnaire

Colorie les étapes du cycle de vie du produit sur lesquelles la cheffe de projet Marketing peut agir :

Recyclage
Prototypage
Cahier des charges fonctionnel
Conception
Vente
Utilisation

Mon ressenti actuel sur le métier

……………………………………………………
……………………………………………………
……………………………………………………

Secteur 7

LE DROIT, LA JUSTICE, L'ÉCONOMIE ET LA GESTION

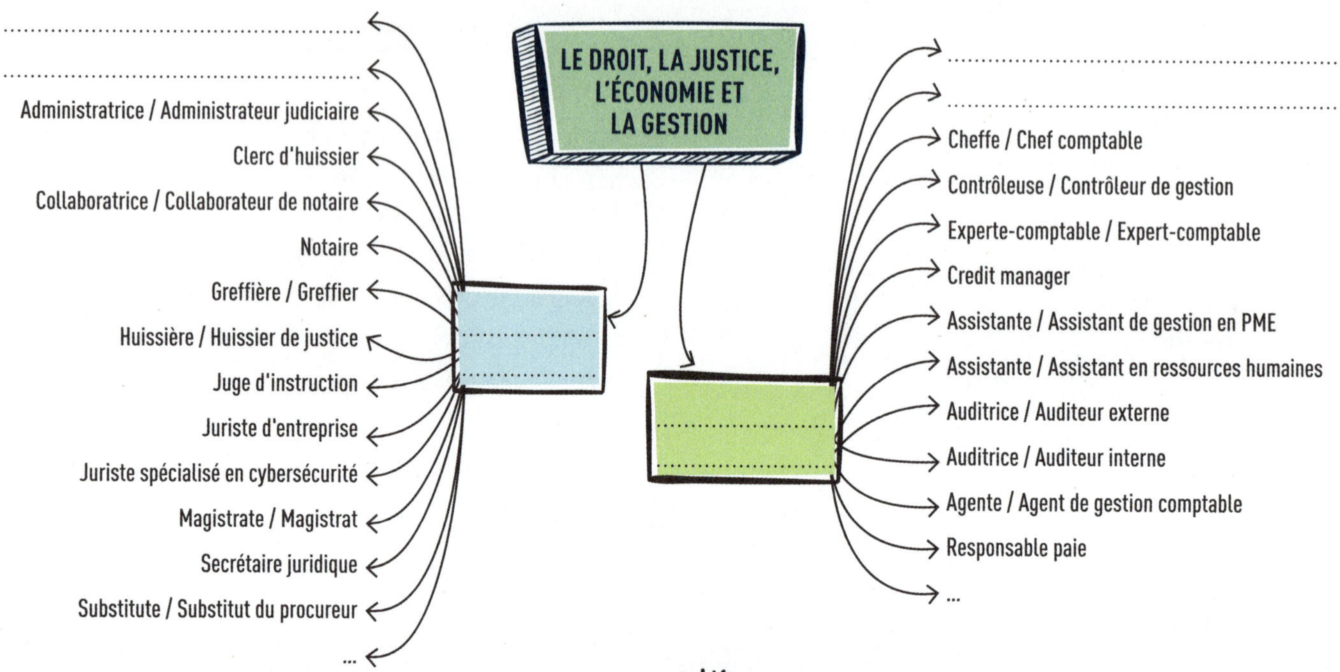

LE SAIS-TU ?

Alors que les femmes n'ont accédé à la fonction de magistrate qu'en 1946, elles représentent aujourd'hui plus de 60 % des juges en poste.

TRAVAIL À FAIRE

1 À partir de tes connaissances ou de recherches Internet, **donne des définitions succinctes des sous-secteurs suivants.**

- « Droit » : ....
- « Justice » : ....
- « Gestion » : ....

2 Place les deux sous-secteurs suivants sur la carte mentale : *« Économie et Gestion » ; « Droit et Justice ».*

3 Place sur la carte mentale le nom des métiers suivants : *Comptable ; Juge des enfants ; Avocate / Avocat ; Gestionnaire de paie.*

4 Sur la carte mentale, souligne en bleu tous les métiers que tu connais et en rouge 3 métiers que tu aimerais découvrir.

ZOOM SUR UN MÉTIER

© ONISEP
bordas.media/740262_19

5 À partir de la vidéo et de la fiche métier du site Onisep, **complète le tableau pour le métier de notaire.**

Missions	Niveau d'étude minimum	Qualités requises
....	....	....

Effectue des recherches pour compléter les fiches métiers.

EXPERTE / EXPERT-COMPTABLE

Missions

- ....
- ....
- ....
- ....

Qualités requises

- Connaissances de la réglementation
- Sens du relationnel
- Sens du devoir
- Compétences informatiques
- Rigueur et honnêteté

Études

....
....
....
....

Découvre en vidéo

© ONISEP

bordas.media/740262_20

Questionnaire

Barre la ou les affirmations fausses :

- L'expert-comptable peut travailler pour des entreprises et des associations.
- L'experte-comptable participe à la gestion des stocks.
- L'expert-comptable est en étroite relation avec les banques et peut, par exemple, renégocier un emprunt.

Mon ressenti actuel sur le métier

....
....
....
....
....

JUGE D'INSTRUCTION

Missions

- ....
- ....
- ....
- ....
- ....
- ....

Qualités requises

- Disponibilité
- Autonomie
- Prise d'initiative
- Rigueur et organisation

Études

....
....
....

Découvre en vidéo

© ONISEP

bordas.media/740262_21

Questionnaire

Entoure les mots ou expressions qui concernent les missions du juge d'instruction :

Ouvrir une information judiciaire
Plaider
Défendre les accusés
Médiation
Mettre en examen
Interrogatoire

Mon ressenti actuel sur le métier

....
....
....
....

Secteur 8

L'ÉNERGIE, L'ENVIRONNEMENT

L'ÉNERGIE, L'ENVIRONNEMENT

....

- ....
- ....
- ....
- Conseillère / Conseiller espace info-énergie
- Économe de flux
- Électricienne installatrice / Électricien installateur
- Géologue
- Géophysicienne / Géophysicien
- Ingénieure / Ingénieur en énergies renouvelables
- Ingénieure / Ingénieur gaz
- Ingénieure / Ingénieur nucléaire
- Ingénieure / Ingénieur pétrolier
- Géothermicienne / Géothermicien
- Ingénieure / Ingénieur électricien
- Opératrice / Opérateur de raffinerie
- Technicienne / Technicien d'exploitation du réseau eau-gaz
- Technicienne / Technicien en lignes haute tension
- Technicienne thermicienne / Technicien thermicien
- ...

....

- ....
- ....
- ....
- Agente / Agent de propreté urbaine
- Biologiste en environnement
- Chargée / Chargé d'hygiène et de sécurité
- Conseillère / Conseiller en environnement
- Géomaticienne / Géomaticien
- Hydraulicienne / Hydraulicien
- Ingénieure / Ingénieur en environnement
- Météorologiste
- Technicienne / Technicien d'exploitation de l'eau
- Technicienne / Technicien en traitement des déchets
- Océanologue
- ...

LE SAIS-TU ? Il y a plus de 27 % de femmes dans le secteur de l'énergie. En 15 ans, les chiffres de la part des femmes dans ce secteur ont augmenté de 5 %.

TRAVAIL À FAIRE

1 À partir de tes propres connaissances ou de recherches Internet, **donne une définition succincte du métier et des sous-secteurs suivants.**

- Technicienne : ....
- Environnement : ....
- Énergie : ....

2 Place les deux sous-secteurs suivants sur la carte mentale : *« Environnement » ; « Énergie ».*

3 Place sur la carte mentale le nom des métiers suivants : *Animatrice/Animateur nature ; Cheffe/Chef de projet éolien ; Ingénieure/Ingénieur en énergie solaire ; Responsable de la collecte des déchets ménagers.*

ZOOM SUR UN MÉTIER

© ONISEP

bordas.media/740262_22

4 À partir de la fiche métier du site Onisep, **complète le tableau pour le métier de géothermicienne ou géothermicien.**

Missions	Niveau d'étude minimum
....	....
....	....
....	....
....	....
....	....
....	....
....	....
....	....

Effectue des recherches pour compléter les fiches métiers.

ÉLECTRICIENNE INSTALLATRICE / ÉLECTRICIEN INSTALLATEUR

Missions

- ....
- ....
- ....
- ....
- ....

Qualités requises

- Organisation - Méthode
- Rigueur et connaissance des normes
- Sens du relationnel
- Polyvalence

Études

....

....

....

....

Découvre en vidéo

© ONISEP

bordas.media/740262_23

Questionnaire

Colorie les éléments qui peuvent être réalisés ou installés par une électricienne installatrice.

Alarme | Vidéo-surveillance | Plan d'implantation | Tableau électrique | Prise électrique | Maçonnerie | Câbles

Mon ressenti actuel sur le métier

....

....

....

BIOLOGISTE EN ENVIRONNEMENT

Missions

- ....
- ....
- ....
- ....

Qualités requises

- Expertise scientifique
- Capacité d'adaptation
- Autonomie
- Travail en équipe
- Maîtrise de l'anglais

Études

....

....

....

Découvre le métier

© ONISEP

bordas.media/740262_24

Questionnaire

Barre la ou les affirmations fausses :

- La biologiste en environnement peut étudier les effets des fumées ou des colorants alimentaires sur l'organisme.
- Le biologiste en environnement peut prendre la décision de fermer une usine trop polluante.
- Le biologiste en environnement peut travailler dans de nombreux domaines (contrôle qualité, recherche fondamentale…).

Mon ressenti actuel sur le métier

....

....

....

....

Secteur 9

L'HÔTELLERIE, LA RESTAURATION, LE TOURISME

L'HÔTELLERIE, LA RESTAURATION, LE TOURISME

....

- ....
- ....
- Agente / Agent de voyages
- Animatrice / Animateur de vacances
- Cheffe / Chef de produit touristique
- Directrice / Directeur d'office de tourisme
- Guide touristique
- Hôtesse de l'air / Steward
- Accompagnatrice / Accompagnateur de moyenne montagne
- ...

....

....

- ....
- ....
- Barmaid / Barman
- Cuisinière / Cuisinier
- Employée / Employé de restaurant
- Serveuse / Garçon de café
- Gérante / Gérant de restauration collective
- Gouvernante / Gouvernant
- Maîtresse / Maître d'hôtel
- Réceptionniste
- Pâtissière / Pâtissier
- Sommelière / Sommelier
- Barista
- Cheffe / Chef cuisinier
- Hôtesse / Agent d'accueil
- ...

TRAVAIL À FAIRE

1 À partir de tes connaissances ou de recherches Internet, **donne des définitions succinctes du sous-secteur et des métiers suivants.**

- Hôtellerie : ....
....
....
....
- Steward : ....
....
....
....
- Barmaid : ....
....
....

2 **Place sur la carte mentale le nom des deux sous-secteurs suivants :** *« Hôtellerie-Restauration » ; « Tourisme ».*

3 **Place sur la carte mentale le nom des métiers suivants :** *Guide de haute montagne ; Animatrice/Animateur nature ; Directrice/Directeur d'hôtel ; Femme/Valet de chambre.*

4 **Sur la carte mentale, souligne en bleu tous les métiers que tu connais et en rouge 3 métiers que tu aimerais découvrir.**

LE SAIS-TU ?

48 % des employés du secteur de l'hôtellerie-restauration sont des femmes.

ZOOM SUR UN MÉTIER

© ONISEP

bordas.media/740262_25

5 À partir de la vidéo et de la fiche métier du site Onisep, **complète le tableau pour le métier d'employée ou employé de restaurant.**

Missions	Niveau d'étude minimum	Centres d'intérêt
....	....	....
....	....	....
....	....	....
....	....	....
....	....	....
....	....	....
....	....	....

Effectue des recherches pour compléter les fiches métiers.

DIRECTRICE / DIRECTEUR D'OFFICE DE TOURISME

Missions

– ....
– ....
– ....
– ....

Qualités requises

– Se tenir informé(e)
– Curiosité
– Créativité
– Organisation
– Sens du relationnel
– Parler anglais

Études

....
....
....

Découvre le métier →

© ONISEP

bordas.media/740262_26

Questionnaire

Coche les bonnes réponses :

- Pour être directrice d'un grand office de tourisme, il faut un :
☐ Bac + 2 ☐ Bac + 3 ☐ Bac + 4 ☐ Bac + 5
- La directrice d'office de tourisme fixe les prix et tarifs des activités proposées dans son secteur.
☐ Vrai ☐ Faux
- Le directeur d'office de tourisme est amené à créer des documents visuels pour présenter les offres de son secteur. ☐ Vrai ☐ Faux

Mon ressenti actuel sur le métier

....
....
....

GOUVERNANTE / GOUVERNANT

Missions

– ....
– ....
– ....
– ....
– ....

Qualités requises

– Rigueur - Organisation - Esprit d'initiative
– Sens des responsabilités et du service
– Être souriant(e) et courtois(e)
– Maîtriser l'anglais

Études

....
....
....
....
....

Découvre en vidéo →

© ONISEP

bordas.media/740262_27

Questionnaire

Barre les affirmations fausses :

- La gouvernante ne nettoie jamais les chambres, elle se contente de gérer l'équipe en charge du nettoyage.
- Le gouvernant décide du salaire versé à son équipe de femmes de chambre.
- La gouvernante est particulièrement à l'écoute du besoin des clients et fait tout pour les satisfaire.

Mon ressenti actuel sur le métier

....
....
....
....
....

Secteur 10

L'ENSEIGNEMENT, L'ÉDUCATION, LA RECHERCHE

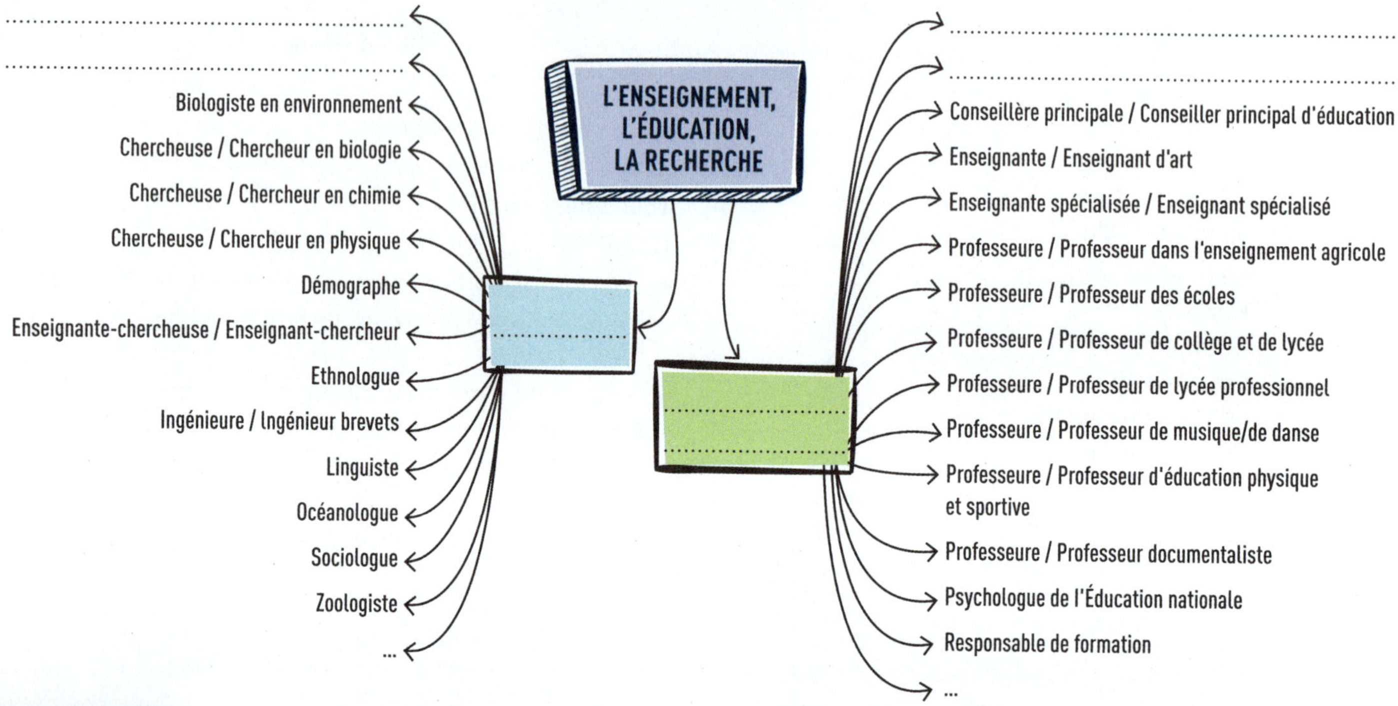

TRAVAIL À FAIRE

1 À partir de tes connaissances ou de recherches Internet, **donne des définitions succinctes des métiers suivants.**

- Agronome : ....
....
....
- Démographe : ....
....
....
- Linguiste : ....
....
....

2 **Place sur la carte mentale le nom des deux sous-secteurs suivants :** *« Enseignement-Éducation » ; « Recherche ».*

3 **Place sur la carte mentale le nom des métiers suivants :** *Astrophysicienne/Astrophysicien ; Formatrice/Formateur d'adultes ; Agronome ; Éducatrice/Éducateur sportif.*

4 **Sur la carte mentale, souligne en bleu tous les métiers que tu connais et en rouge 3 métiers que tu aimerais découvrir.**

LE SAIS-TU ? Plus de 54 % des postes de la branche de direction ou d'inspection de l'Éducation nationale sont détenus par des femmes.

ZOOM SUR UN MÉTIER

© ONISEP

bordas.media/740262_28

5 À partir de la vidéo et de la fiche métier du site Onisep, **complète le tableau pour le métier de formatrice ou formateur en agroéquipement.**

Missions	Niveau d'étude minimum	Centres d'intérêt
....	....	....
....	....	....
....	....	....
....	....	....
....	....	....
....	....	....

Effectue des recherches pour compléter les fiches métiers.

OCÉANOLOGUE

Missions

- ....
- ....
- ....
- ....
- ....
- ....

Qualités requises

- Rigueur
- Curiosité intellectuelle
- Maîtriser l'anglais
- Savoir rédiger

Études

....
....
....

Découvre en vidéo

© ONISEP

bordas.media/740262_29

Questionnaire

Réponds aux questions :

- Quel est le diplôme minimal pour devenir océanologue ?

....

- Comment l'océanologue aide-t-il à lutter contre la pollution ?

....
....

Mon ressenti actuel sur le métier

....
....
....

CHERCHEUSE / CHERCHEUR EN PHYSIQUE

Missions

- ....
- ....
- ....
- ....
- ....
- ....

Qualités requises

- Curiosité
- Autonomie
- Esprit d'équipe
- Persévérance
- Maîtrise de l'anglais

Études

....

Découvre en vidéo

© ONISEP

bordas.media/740262_30

Questionnaire

Coche les bonnes réponses :

- Quel est le niveau du diplôme pour enseigner en tant que chercheur en physique ?

☐ Bac + 3 ☐ Bac + 5 ☐ Bac + 7 ☐ Bac + 8

- La chercheuse en physique est en compétition avec d'autres laboratoires.

☐ Vrai ☐ Faux

Mon ressenti actuel sur le métier

....
....
....
....

Je m'informe sur les métiers et les secteurs

Secteur 11

L'INFORMATIQUE, LA DATA, LE JEU VIDÉO, LE NUMÉRIQUE ET LES RÉSEAUX

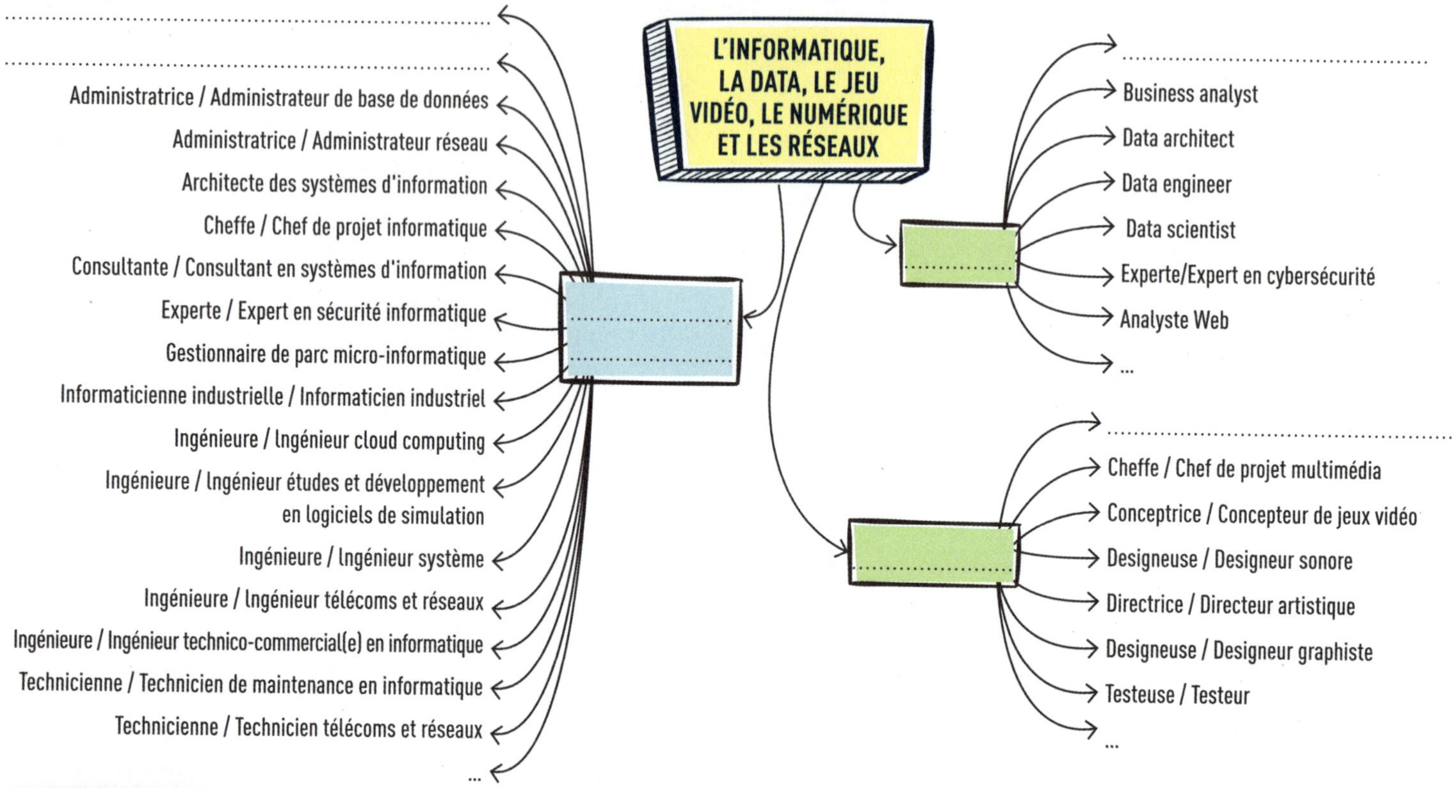

TRAVAIL À FAIRE

1 À partir de tes connaissances ou de recherches Internet, **donne des définitions du sous-secteur et des métiers suivants.**

- DATA : ....
- Designeur : ....
- Développeuse : ....

2 Place sur la carte mentale le nom des trois sous-secteurs suivants : *« Jeu vidéo » ; « Informatique-Réseaux » ; « DATA ».*

3 Place sur la carte mentale le nom des métiers suivants : *Data analyst ; Développeuse/Développeur informatique ; Animatrice/Animateur 2D et 3D ; Architecte réseau.*

4 Sur la carte mentale, souligne en bleu tous les métiers que tu connais et en rouge 3 métiers que tu aimerais découvrir.

LE SAIS-TU ?

Le nombre de femmes diplômées du secteur du numérique en France a augmenté de 33 % par rapport à 2013.

ZOOM SUR UN MÉTIER

© ONISEP

bordas.media/740262_31

5 À partir de la vidéo et de la fiche métier du site Onisep, **complète le tableau pour le métier de technicienne ou technicien télécoms et réseaux.**

Missions	Niveau d'étude minimum	Centres d'intérêt
....	....	....
....	....	....
....	....	....
....	....	....
....	....	....
....	....	....

Effectue des recherches pour compléter les fiches métiers.

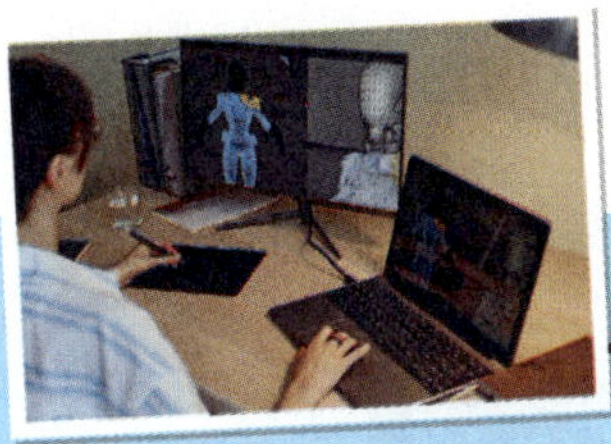

CONCEPTRICE / CONCEPTEUR DE JEUX VIDÉO

Missions

- ....
- ....
- ....
- ....
- ....
- ....

Qualités requises

- Créativité
- Adaptabilité
- Bonne connaissance de l'univers du jeu vidéo
- Esprit d'équipe - Sens de l'organisation
- Capacité de travail

Études

....

....

....

....

Découvre en vidéo

© ONISEP

bordas.media/740262_32

Questionnaire

Coche les bonnes réponses :

- Parmi les étapes suivantes, quelles sont celles qui concerne le concepteur de jeux vidéo ?

☐ Cahier des charges ☐ Réalisation ☐ Tests
☐ Amélioration ☐ Vente ☐ Utilisation

- Quel est ou quels sont le(s) niveau(x) des diplômes avec lequel une conceptrice de jeux vidéo peut exercer sa profession ?

☐ Bac + 2 ☐ Bac + 3 ☐ Bac + 4 ☐ Bac + 5

Mon ressenti actuel sur le métier

....

....

....

....

ADMINISTRATRICE / ADMINISTRATEUR RÉSEAU

Missions

- ....
- ....
- ....
- ....
- ....
- ....

Qualités requises

- Qualités relationnelles
- Esprit d'équipe
- Rigueur
- Autonomie et rapidité

Études

....

....

....

....

Découvre en vidéo

© ONISEP

bordas.media/740262_33

Questionnaire

Barre la ou les affirmations fausses :

- L'administratrice réseau peut exercer avec un Bac + 2.
- L'administrateur réseau travaille seul et n'est pas appelé à gérer une équipe.
- L'administrateur réseau peut être appelé à intervenir le soir et les week-ends.

Mon ressenti actuel sur le métier

....

....

....

Secteur 12

LA LOGISTIQUE ET LES TRANSPORTS

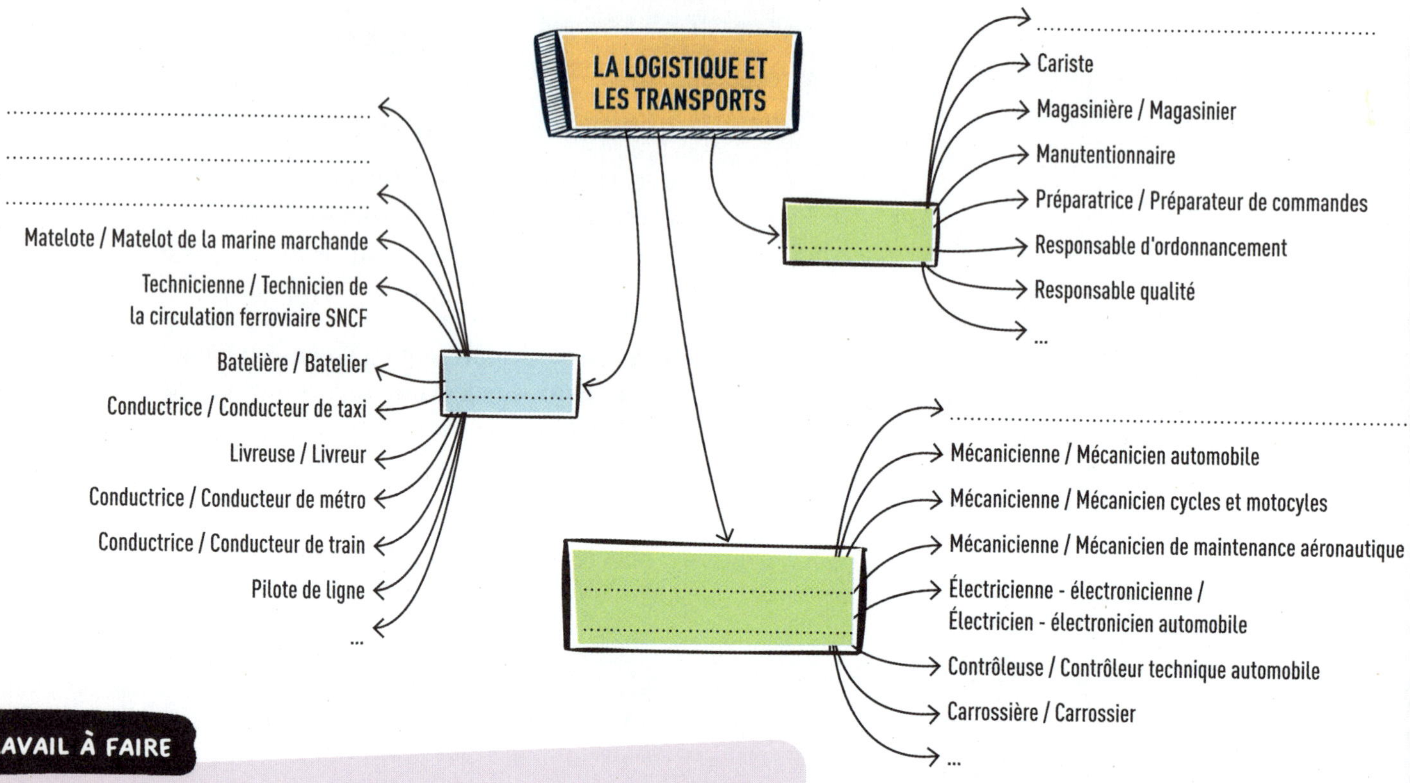

TRAVAIL À FAIRE

1 À partir de tes connaissances ou de recherches Internet, **donne des définitions des sous-secteurs et du métier suivants.**

- Logistique : ....
....
....
....
- Maintenance : ....
....
- Manutentionnaire : ....
....
....

2 Place sur la carte mentale les trois sous-secteurs suivants : *« Logistique » ; « Transport » ; « Maintenance des transports ».*

3 Place sur la carte mentale le nom des métiers suivants : *Mécanicienne/ Mécanicien poids lourd ; Conductrice routière/Conducteur routier ; Logisticienne/ Logisticien ; Conductrice/Conducteur de bus*

4 Sur la carte mentale, souligne en bleu tous les métiers que tu connais et en rouge 3 métiers que tu aimerais découvrir.

LE SAIS-TU ?

Les femmes représentent 20 % des effectifs salariés en transport et logistique. Le transport sanitaire emploie plus de 40 % de femmes et le transport routier de personnes presque 30 %.

ZOOM SUR UN MÉTIER

© ONISEP

bordas.media/740262_34

5 À partir de la vidéo et de la fiche métier du site Onisep, **complète le tableau pour le métier de mécanicienne ou mécanicien cycles et motocycles.**

Missions	Niveau d'étude minimum	Centres d'intérêt
....	....	....
....	....	....
....	....	....

Effectue des recherches pour compléter les fiches métiers.

Technicienne / technicien logistique

Missions

– ……………………………………………………

– ……………………………………………………

– ……………………………………………………

– ……………………………………………………

Qualités requises

– Rigueur
– Réactivité
– Sens de la communication

Études

……………………………………………………

……………………………………………………

……………………………………………………

……………………………………………………

……………………………………………………

Découvre en vidéo

© ONISEP

bordas.media/740262_35

Questionnaire

Barre la ou les affirmations fausses :

- La technicienne logistique doit vérifier la qualité et la quantité de tout ce qui sort de son entreprise.
- Le technicien logistique doit être détenteur d'un bac + 3 pour exercer son métier.
- La technicienne logistique est responsable du stockage des matières premières et de leur déplacement dans l'entreprise.

Mon ressenti actuel sur le métier

……………………………………………………

……………………………………………………

……………………………………………………

Conductrice / conducteur de train

Missions

– ……………………………………………………

– ……………………………………………………

– ……………………………………………………

– ……………………………………………………

Qualités requises

– Bon équilibre psychologique
– Excellente santé
– Bonne gestion du stress
– Rigueur et concentration
– Organisation

Études

……………………………………………………

……………………………………………………

……………………………………………………

Découvre en vidéo

© ONISEP

bordas.media/740262_36

Questionnaire

Coche les bonnes réponses :

- La formation initiale minimale obligatoire pour devenir conductrice de train dure :

☐ 100 heures ☐ 140 heures ☐ 180 heures

- Au maximum et par jour, le conducteur de train peut conduire :

☐ 7 heures ☐ 8 heures
☐ 9 heures ☐ 10 heures

Mon ressenti actuel sur le métier

……………………………………………………

……………………………………………………

……………………………………………………

……………………………………………………

Secteur 13

LE CINÉMA, L'AUDIOVISUEL, LA COMMUNICATION, LE JOURNALISME

LE CINÉMA, L'AUDIOVISUEL, LA COMMUNICATION, LE JOURNALISME

....

- ....
- Journaliste
- Documentaliste
- Rédactrice/Rédacteur en chef
- Journaliste reporter d'images
- Secrétaire de rédaction
- ...

....

- ....
- ....
- ....
- Animatrice / Animateur 2D et 3D
- Assistante réalisatrice / Assistant réalisateur
- Agente / Agent artistique
- Cascadeuse / Cascadeur
- Chargée / Chargé de production
- Cheffe monteuse / Chef monteur
- Costumière / Costumier
- Directrice / Directeur de la photographie
- Ingénieure / Ingénieur du son
- Machiniste constructrice / Constructeur de plateau
- Mixeuse / Mixeur son
- Régisseuse générale / Régisseur général
- Scripte
- Scénariste
- ...

....

- ....
- ....
- Attachée / Attaché de presse
- Chargée / Chargé de projet événementiel
- Chargée / Chargé des relations publiques
- Community manager
- Designeuse / Designer graphique
- Infographiste
- Éditrice / Éditeur
- Iconographe
- Illustratrice / Illustrateur
- Maquettiste
- Webdesigner
- Webmestre
- Traductrice/Traducteur
- ...

LE SAIS-TU ?

42 % de femmes artistes et techniciennes ont été employées pour la production de films de fiction d'initiative française en 2020. Depuis 2011, la part de femmes techniciennes bénéficiant d'un statut de cadre est en constante évolution.

TRAVAIL À FAIRE

1 À partir de tes propres connaissances ou de recherches Internet, **donne des définitions succinctes des sous-secteurs et du métier suivants.**

- Audiovisuel : ....
- Communication : ....
- Webmestre : ....

2 **Place sur la carte mentale le nom des trois sous-secteurs suivants :** *« Communication » ; « Cinéma-Audiovisuel » ; « Journalisme ».*

3 **Place sur la carte mentale le nom des métiers suivants :** *Reporter-photographe ; Animatrice/Animateur de radio et de télévision ; Chargée/Chargé de communication interne ; Cadreuse/Cadreur.*

4 **Sur la carte mentale, souligne en bleu tous les métiers que tu connais et en rouge 3 métiers que tu aimerais découvrir.**

ZOOM SUR UN MÉTIER

© ONISEP

bordas.media/740262_37

5 À partir de la vidéo et de la fiche métier du site Onisep, **complète le tableau pour le métier d'infographiste.**

Missions	Niveau d'étude minimum	Centres d'intérêt
....	....	....
....	....	....
....	....	....
....	....	....
....	....	....
....	....	....

Effectue des recherches pour compléter les fiches métiers.

JOURNALISTE

Missions

- ....
- ....
- ....
- ....

Qualités requises

- Qualités rédactionnelles
- Grande disponibilité
- Capacités relationnelles
- Curieux(se), réactif(ve)

Études

....

....

....

....

Découvre en vidéo

© ONISEP

bordas.media/740262_38

Questionnaire

Colorie les missions possibles du journaliste :

Mettre en forme un article

Vérifier les sources

Imprimer les journaux

Rechercher l'information

Inventer des informations

Mon ressenti actuel sur le métier

....

....

....

....

INGÉNIEURE / INGÉNIEUR DU SON

Missions

- ....
- ....
- ....
- ....
- ....

Qualités requises

- Culture musicale et artistique
- Capacités relationnelles
- Organisation

Études

....

....

....

....

....

Découvre en vidéo

© ONISEP

bordas.media/740262_39

Questionnaire

Coche la ou les bonnes réponses :

- Quel est le diplôme minimal pour exercer le métier d'ingénieur du son ?

☐ CAP ☐ BTS ☐ Licence
☐ Master ☐ Doctorat

- Quel est le rôle de l'ingénieure du son vis-à-vis du matériel ?

☐ choix ☐ entretien
☐ réglage ☐ installation

Mon ressenti actuel sur le métier

....

....

....

....

Secteur 14

LA CULTURE, LE PATRIMOINE, LES ARTS, LE SPECTACLE, LA MODE

LA CULTURE, LE PATRIMOINE, LES ARTS, LE SPECTACLE, LA MODE

....

- ....
- Chargée / Chargé de production
- Artiste de cirque
- Comédienne / Comédien
- Costumière / Costumier
- Danseuse / Danseur
- Décoratrice-scénographe / Décorateur-scénographe
- Directrice / Directeur artistique
- Éclairagiste
- Machiniste constructrice / constructeur
- Musicienne / Musicien
- Régisseuse / Régisseur de spectacles
- ...

....

....

- ....
- Brodeuse / Brodeur
- Céramiste
- Ébéniste
- Encadreuse / Encadreur
- Factrice / Facteur d'instruments
- Ferronnière / Ferronnier d'art
- Horlogère / Horloger
- Orfèvre
- Tailleuse / Tailleur de pierre
- Tapissière / Tapissier d'ameublement
- Vitrailliste
- ....

....

....

- ....
- Antiquaire
- Archéologue
- Archiviste
- Commissaire de justice
- Conservatrice / Conservateur du patrimoine
- Guide-conférencière / Guide-conférencier
- Médiatrice culturelle / Médiateur culturel
- Restauratrice / Restaurateur d'œuvres d'art
- ...

....

- ....
- Bottière/Bottier
- Brodeuse/Brodeur
- Chapelière/Chapelier
- Couturière/Couturier
- Cordonnière/Cordonnier
- Maroquinière/Maroquinier
- ...

LE SAIS-TU ? Les filles sont majoritaires (62 %) parmi les étudiants fréquentant les écoles de l'enseignement supérieur dans le domaine de la culture, et aussi nombreuses que les garçons (49 %) dans la filière du spectacle vivant.

TRAVAIL À FAIRE

1 À partir de tes propres connaissances ou de recherches Internet, **donne une définition succincte des sous-secteurs et du métier suivants :**

- Patrimoine : ....
....
- Culture : ....
....
- Médiateur : ....
....

2 **Place sur la carte mentale les quatre sous-secteurs suivants :** *« Artisanat d'art » ; « Culture - Patrimoine » ; « Spectacle » ; « Mode ».*

3 **Place sur la carte mentale le nom des métiers suivants :** *Chanteuse/Chanteur ; Styliste ; Bijoutière/Bijoutier ; Animatrice/Animateur du patrimoine.*

4 **Souligne en rouge, sur la carte mentale, 3 métiers que tu aimerais découvrir.**

ZOOM SUR UN MÉTIER

© ONISEP
bordas.media/740262_40

5 À partir de la vidéo et de la fiche métier du site Onisep, **complète le tableau pour le métier de tailleuse-couturière ou tailleur-couturier.**

Missions	Niveau d'étude minimum	Centres d'intérêt
....	....	....
....	....	....
....	....	....
....	....	....

Effectue des recherches pour compléter les fiches métiers.

COMÉDIENNE / COMÉDIEN

Missions

- ....
- ....
- ....
- ....

Qualités requises

– Capacités de mémorisation
– Bonne élocution
– Charisme
– Détermination

Études

....
....
....
....
....

Découvre en vidéo

© ONISEP

bordas.media/740262_41

Questionnaire

Barre les affirmations fausses :

- La comédienne met parfois plusieurs mois pour entrer dans son rôle.
- Le comédien participe à l'écriture des scripts pour les spectacles qu'il devra jouer.
- Les comédiens collaborent avec les metteurs en scène pour mettre en place leur jeu d'acteur.
- Une licence est nécessaire pour exercer.

Mon ressenti actuel sur le métier

....
....
....
....

GUIDE-CONFÉRENCIÈRE / GUIDE-CONFÉRENCIER

Missions

- ....
- ....
- ....
- ....

Qualités requises

– Bonne culture générale
– Sens de la pédagogie
– Maîtrise de plusieurs langues étrangères (anglais minimum)
– Capacités relationnelles

Études

....
....
....
....

Découvre en vidéo

© ONISEP

bordas.media/740262_42

Questionnaire

Colorie les missions du guide-conférencier :

Accueillir des touristes	Rechercher des informations
Animer des visites	Organiser un voyage scolaire
Tourner des vidéos	Être spécialisé sur certains domaines

Mon ressenti actuel sur le métier

....
....
....
....

Secteur 15

LES MÉTIERS DE L'INDUSTRIE

LES MÉTIERS DE L'INDUSTRIE

....

- ....
- ....
- Chercheuse / Chercheur en chimie
- Formulatrice / Formulateur
- Ingénieure / Ingénieur chimiste
- Ingénieure / Ingénieur plasturgiste
- Ingénieure technico-commerciale / Ingénieur technico-commercial en chimie
- Responsable de fabrication en chimie
- Spécialiste des affaires réglementaires en chimie
- Technicienne / Technicien chimiste
- ...

....

- ....
- Aérodynamicienne/Aérodynamicien
- Ajusteuse-monteuse/Ajusteur-monteur
- Architecte navale/Architecte naval
- Dessinatrice/Dessinateur en construction mécanique
- Ingénieure/Ingénieur en automatismes
- Ingénieure/Ingénieur en mécanique
- Ingénieure/Ingénieur en métrologie
- Technicienne/Technicien de forge
- Technicienne/Technicien qualité
- Tourneuse-fraiseuse/Tourneur-fraiseur
- Ingénieure/Ingénieur en construction navale
- Mécanicienne-outilleuse/Mécanicien-outilleur
- Mouleuse-noyauteuse/Mouleur-noyauteur
- Ingénieure/Ingénieur R&D en agroéquipement
- ....

....

- ....
- ....
- Ascensoriste
- Ingénieure / Ingénieur de maintenance industrielle
- Mécanicienne / Mécanicien bateaux
- Mécaniciene / Mécanicien d'entretien d'avion
- Mécanicienne et technicienne / Mécanicien et technicien moto
- Technicienne / Technicien de maintenance en génie climatique
- Technicienne / Technicien de maintenance industrielle
- Technicienne / Technicien en automatismes
- Technicienne / Technicien en engins de travaux publics
- Mécanicienne-réparatrice / Mécanicien-réparateur en matériel agricole
- ...

....

- ....
- ....
- Ingénieure / Ingénieur électronicien des systèmes de la sécurité aérienne
- Ingénieure / Ingénieur en électronique numérique
- Ingénieure / Ingénieur en systèmes embarqués
- Mécatronicienne / Mécatronicien
- Monteuse-câbleuse / Monteur-câbleur
- Technicienne électronicienne / Technicien électronicien
- Technicienne électrotechnicienne / Technicien électrotechnicien
- ...

LE SAIS-TU ?

Avec 150 métiers, l'industrie offre des perspectives d'emploi pour tous les niveaux du CAP au Bac + 5.
Aujourd'hui, les femmes représentent 28 % des emplois du secteur industriel.

TRAVAIL À FAIRE

1 À partir de tes propres connaissances ou de recherches Internet, **donne des définitions succinctes du métier et des techniques suivants.**

- Chaudronnier : ....
- Plasturgie : ....
- Électrotechnique : ....

2 **Place sur la carte mentale les quatre sous-secteurs suivants :** *« Maintenance » ; « Construction » ; « Chimie » ; « Électronique ».*

3 **Place sur la carte mentale le nom des métiers suivants :** *Chaudronnière/Chaudronnier ; Ingénieure électronicienne/Ingénieur électronicien ; Technicienne / Technicien de maintenance industrielle ; Responsable de laboratoire de contrôle en chimie.*

4 **Souligne en rouge, sur la carte mentale, 3 métiers que tu aimerais découvrir.**

ZOOM SUR UN MÉTIER

© ONISEP

bordas.media/740262_43

5 À partir de la vidéo et de la fiche métier du site Onisep, **complète le tableau pour le métier de technicienne ou technicien en automatismes.**

Missions	Niveau d'étude minimum	Centres d'intérêt
....	....	....
....	....	....
....	....	....
....	....	....

Effectue des recherches pour compléter les fiches métiers.

TECHNICIENNE / TECHNICIEN CHIMISTE

Missions

- ....
- ....
- ....
- ....

Qualités requises

- Esprit scientifique - Rigueur - Organisation
- Savoir travailler en équipe
- Autonomie - Vigilance

Études

....

....

....

....

Découvre en vidéo

© ONISEP

bordas.media/740262_44

Questionnaire

Colorie les missions possibles du technicien chimiste :

Réaliser des expériences

Diriger un laboratoire

Rédiger des rapports

Faire des analyses

Organiser une équipe

Proposer des améliorations

Mon ressenti actuel sur le métier

....

....

....

AJUSTEUSE-MONTEUSE / AJUSTEUR-MONTEUR

Missions

- ....
- ....
- ....
- ....
- ....

Qualités requises

- Précision - Rigueur - Habileté manuelle
- Communication - Esprit logique

Études

....

....

....

....

....

....

....

Découvre en vidéo

© ONISEP

bordas.media/740262_45

Questionnaire

Barre la ou les affirmations fausses :

- L'ajusteuse-monteuse peut être appelée à modifier des pièces en les usinant pour faciliter l'assemblage des systèmes.
- L'ajusteur-monteur peut créer lui-même des pièces en suivant des plans spécifiques.
- L'ajusteuse-monteuse doit être capable de travailler dans le bruit et la poussière.

Mon ressenti actuel sur le métier

....

....

....

....

....

....

Secteur 16

LE SPORT, LE LOISIR, L'ANIMATION

LE SPORT, LE LOISIR, L'ANIMATION

....

- ....
- ....
- ....
- Animatrice / Animateur parc animalier
- Animatrice / Animateur d'activités périscolaires
- Animatrice / Animateur d'enfants
- Animatrice / Animateur en séjour adapté
- Coordonnatrice / Coordonnateur de loisirs municipaux
- Coordonnatrice / Coordonnateur de programmes de loisirs culturels et socioculturels
- Croupière / Croupier
- Directrice / Directeur de parc naturel
- Directrice / Directeur d'accueil de loisirs avec hébergement
- Gérante/Gérant d'un centre de loisirs
- ...

....

- ....
- ....
- Entraîneuse sportive / Entraîneur sportif
- Guide de haute montagne
- Accompagnatrice / Accompagnateur de moyenne montagne
- Accompagnatrice / Accompagnateur de tourisme équestre
- Monitrice / Moniteur d'activités équestres
- Professeure / Professeur d'EPS (éducation physique et sportive)
- Sportive / Sportif de haut niveau
- Agente / Agent de joueur
- Arbitre
- Coach sportif
- Jockey
- Maîtresse-nageuse / Maître-nageur
- Monitrice / Moniteur de tennis
- ...

TRAVAIL À FAIRE

1 À partir de tes propres connaissances ou de recherches Internet, **donne des définitions succinctes des métiers suivants.**

- Animateur : ....
....
- Coach sportif : ....
....
....
- Jockey : ....
....
....

2 **Place sur la carte mentale les deux sous-secteurs suivants :** *« Sport » ; « Loisir et animation ».*

3 **Place sur la carte mentale le nom des métiers suivants :** *Monitrice/Moniteur de ski ; Éducatrice sportive/Éducateur sportif ; Directrice/Directeur d'accueil de loisirs ; Animatrice/Animateur de club de vacances.*

4 **Sur la carte mentale, souligne en bleu tous les métiers que tu connais et en rouge 3 métiers que tu aimerais découvrir.**

LE SAIS-TU ?

Aujourd'hui, les femmes représentent 75 % des emplois du secteur de l'animation et plus de 30 % des éducateurs sportifs.

ZOOM SUR UN MÉTIER

© ONISEP
bordas.media/740262_46

5 À partir de la vidéo et de la fiche métier du site Onisep, **complète le tableau pour le métier de monitrice ou moniteur d'équitation.**

Missions	Niveau d'étude minimum
....	....
....	....
....	....
....	....
....	....

Effectue des recherches pour compléter les fiches métiers.

ANIMATRICE SOCIOCULTURELLE / ANIMATEUR SOCIOCULTUREL

Missions

– ....

– ....

– ....

– ....

Qualités requises

- Dynamisme
- Adaptation - Écoute et communication
- Sens des responsabilités
- Pédagogie

Études

....

Découvre en vidéo

bordas.media/740262_47

© ONISEP

Questionnaire

Barre la ou les affirmations fausses :

- L'animatrice socioculturelle peut animer des activités en maison de retraite.
- Le brevet professionnel de la Jeunesse, de l'Éducation populaire et du Sport est nécessaire pour exercer le métier d'animateur socioculturel.
- L'animateur socioculturel peut donner des cours d'alphabétisation.

Mon ressenti actuel sur le métier

....

ACCOMPAGNATRICE / ACCOMPAGNATEUR DE MOYENNE MONTAGNE

Missions

– ....

– ....

– ....

– ....

– ....

Qualités requises

- Sportif(ve)
- Rigueur et sécurité
- Pédagogie - Qualités d'animation

Études

....

Découvre en vidéo

bordas.media/740262_48

© ONISEP

Questionnaire

Coche la ou les bonnes réponses :

- Le diplôme d'État d'alpinisme-accompagnateur est obligatoire pour exercer le métier d'accompagnateur de montagne. ☐ Vrai ☐ Faux
- L'accompagnatrice de montagne peut animer une classe verte. ☐ Vrai ☐ Faux

Mon ressenti actuel sur le métier

....

MON BILAN SUR LES SECTEURS

Compare, en coloriant les étoiles en fonction de ton attirance pour les secteurs de métiers suivants. (5 étoiles correspondent à une grande attirance.) Justifie ensuite ton positionnement.

Versus

- Le secteur que je préfère pour l'instant :
- Pourquoi ?

Versus

- Le secteur que je préfère pour l'instant :
- Pourquoi ?

Versus

- Le secteur que je préfère pour l'instant :
- Pourquoi ?

Versus

- Le secteur que je préfère pour l'instant :
- Pourquoi ?

Versus

....

☆☆☆☆☆ ☆☆☆☆☆

- Le secteur que je préfère pour l'instant : ....
- Pourquoi ?

....

....

....

Versus

....

☆☆☆☆☆ ☆☆☆☆☆

- Le secteur que je préfère pour l'instant : ....
- Pourquoi ?

....

....

....

Versus

....

☆☆☆☆☆ ☆☆☆☆☆

- Le secteur que je préfère pour l'instant : ....
- Pourquoi ?

....

....

....

Versus

....

☆☆☆☆☆ ☆☆☆☆☆

- Le secteur que je préfère pour l'instant : ....
- Pourquoi ?

....

....

....

....

JE PRÉPARE UN EXPOSÉ

Par groupe, vous allez devoir **réaliser un diaporama** et un **exposé de 5 minutes** expliquant les caractéristiques d'un métier.

1 **Recherchez des informations** concernant le métier sur le site ONISEP.

2 **Réalisez un diaporama** sur un logiciel de présentation (LibreOffice, Powerpoint…) contenant **5 diapos** avec les informations suivantes :

- *Diapo 1 :* Le nom du métier, ainsi que vos noms, prénoms et classe
- *Diapo 2 :* Les informations sur le métier : nature du travail et compétences requises
- *Diapo 3 :* Lieu d'exercice (où l'exercer)
- *Diapo 4 :* Carrière et salaire
- *Diapo 5 :* Accès au métier (les études)

À NOTER

Ne recopiez pas les informations du site ! Montrez que vous avez compris : résumez et formulez avec vos mots.

Vous veillerez à respecter les conditions suivantes : *(Cochez la case lorsque les conditions sont remplies.)*	✓
Deux images maximum par diapo	☐
Taille d'écriture entre 16 et 30	☐
Limiter les effets spéciaux	☐
Faire attention à l'orthographe	☐
Utiliser des polices de caractères lisibles	☐
Faire en sorte que les éléments de votre diaporama soient faciles à lire et à comprendre	☐
Réaliser une mise en page claire	☐
Tester votre diaporama avant de le présenter pour vous assurer qu'il fonctionne correctement	☐

3 **Réalisez un exposé oral** devant la classe.

Vous veillerez à respecter les conditions suivantes : *(Jugez votre exposé en cochant les cases après votre prestation.)*	Top	Correct	À revoir
Se répartir équitablement le temps de parole	☐	☐	☐
Utiliser un vocabulaire précis et compréhensible	☐	☐	☐
Articuler et parler suffisamment fort	☐	☐	☐
Être dynamique	☐	☐	☐
Regarder le public (la classe)	☐	☐	☐
Conclure en donnant chacun votre avis personnel sur le métier (ne pas oublier pas d'argumenter).	☐	☐	☐

JE RÉALISE UNE EXPOSITION SUR LES MÉTIERS

Vous allez réaliser **une affiche contenant les caractéristiques d'un métier.**
Cette affiche sera exposée !

1 **Recherchez des informations** concernant le métier sur internet ou sur le site ONISEP.

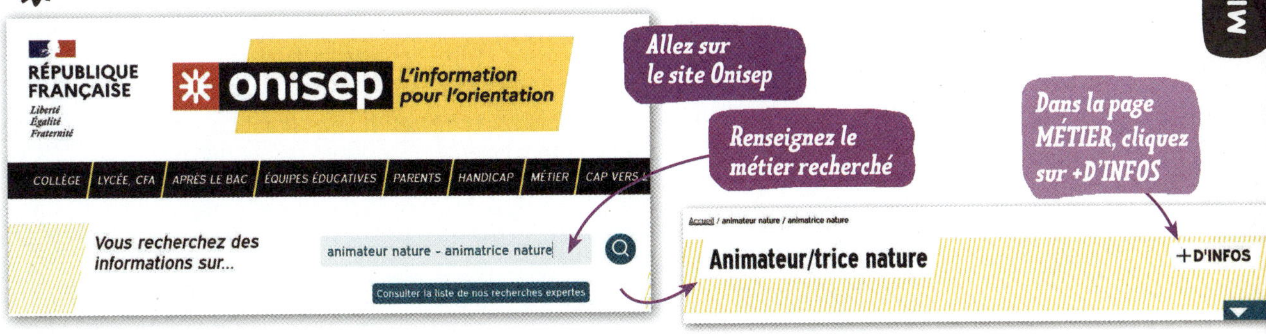

2 **Réalisez l'affiche** sur un logiciel de traitement de texte (LibreOffice, Word…) en **indiquant** les éléments ci-dessous sur une **feuille de format A4.**

- **Le nom du métier :** il doit être clair et précis pour que la fiche métier soit facilement identifiable.
- **Une image :** elle doit représenter le métier.
- **Les principales missions et responsabilités :** décrivez en quoi consiste concrètement le poste, quelles sont les tâches principales et les responsabilités associées.
- **Les compétences et qualités requises :** précisez les compétences techniques et les qualités personnelles nécessaires pour occuper ce poste de manière efficace.
- **Les conditions de travail :** (voir la rubrique « Où l'exercer ? ») mentionnez les conditions dans lesquelles le poste sera exercé (horaires, équipe, éventuels déplacements, etc.).
- **Les études :** précisez les formations ou diplômes nécessaires pour exercer ce métier.

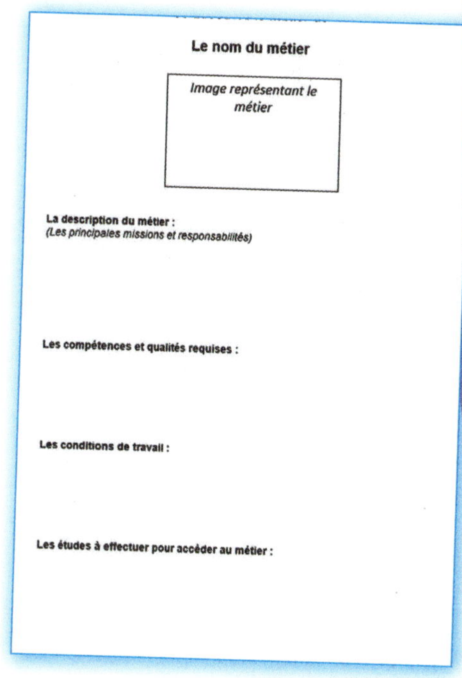

3 **Effectuez** la mise en page en prenant exemple sur le document ci-dessus.

Vous veillerez à respecter les conditions suivantes : *(Cochez la case lorsque les conditions sont remplies.)*	
Taille d'écriture de 16 pour les titres	☐
Taille d'écriture de 12 pour le texte	☐
Utiliser la police de caractères ARIAL	☐
Faire attention à l'orthographe	☐
Réaliser une mise en page claire	☐
Faire vérifier votre affiche par votre professeur	☐

Retrouve des fiches vierges à télécharger
bordas.media/740262_049

J'EXPLORE D'AUTRES MÉTIERS

Métier ....

Missions
....
....
....
....

Mon ressenti actuel sur le métier
....
....
....
....

Qualités requises
....
....
....

Études
....
....

Métier ....

Missions
....
....
....
....

Mon ressenti actuel sur le métier
....
....
....
....

Qualités requises
....
....
....

Études
....
....

Métier ....

Missions
....
....
....
....

Mon ressenti actuel sur le métier
....
....
....
....

Qualités requises
....
....
....

Études
....
....

Métier ....

Missions

....
....
....
....

Mon ressenti actuel sur le métier

....
....
....
....

Qualités requises

....
....
....

Études

....
....

Métier ....

Missions

....
....
....
....

Mon ressenti actuel sur le métier

....
....
....
....

Qualités requises

....
....
....

Études

....
....

Métier ....

Missions

....
....
....
....

Mon ressenti actuel sur le métier

....
....
....
....

Qualités requises

....
....
....

Études

....
....

J'EXPLORE D'AUTRES MÉTIERS

Métier ....

Missions

....

....

....

....

Mon ressenti actuel sur le métier

....

....

....

....

Qualités requises

....

....

....

Études

....

....

Métier ....

Missions

....

....

....

....

Mon ressenti actuel sur le métier

....

....

....

....

Qualités requises

....

....

....

Études

....

....

Métier ....

Missions

....

....

....

....

Mon ressenti actuel sur le métier

....

....

....

....

Qualités requises

....

....

....

Études

....

....

Retrouve des fiches vierges à télécharger
bordas.media/740262_050

JE RENCONTRE UN PROFESSIONNEL

Je prépare la visite

- Quel est le métier de la personne que je vais rencontrer ? ....
- Dans quel secteur travaille-t-il ? ....
- Dans quelle entreprise / lieu travaille-t-il ? ....
- Connais-tu ce métier ? ☐ Oui ☐ Non
- Ce métier t'intéresse-t-il ? ☐ Oui ☐ Non

Pourquoi ?

....
....
....
....

Les questions que je souhaite poser

Question	Réponse

Je prépare la visite

- Quel est le métier de la personne que je vais rencontrer ? ....
- Dans quel secteur travaille-t-il ? ....
- Dans quelle entreprise / lieu travaille-t-il ? ....
- Connais-tu ce métier ? ☐ Oui ☐ Non
- Ce métier t'intéresse-t-il ? ☐ Oui ☐ Non

Pourquoi ?

....

....

....

....

Les questions que je souhaite poser

Question	Réponse
....	....
....	....
....	....
....	....
....	....
....	....
....	....

Je prépare la visite

- Quel est le métier de la personne que je vais rencontrer ? ....
- Dans quel secteur travaille-t-il ? ....
- Dans quelle entreprise / lieu travaille-t-il ? ....
- Connais-tu ce métier ? ☐ Oui ☐ Non
- Ce métier t'intéresse-t-il ? ☐ Oui ☐ Non

Pourquoi ?

....

....

....

....

Les questions que je souhaite poser

Question	Réponse
....	....
....	....
....	....
....	....
....	....
....	....
....	....

Retrouve des fiches vierges à télécharger
bordas.media/740262_051

JE VISITE UNE ENTREPRISE

Je prépare la visite

- Dans quelle ville se trouve l'entreprise ? ....
- Pour quel secteur travaille-t-elle ? ....
- Que produit-elle (biens, services) ? ....
....
- Lors de la visite, le port de matériels d'hygiène ou de sécurité sera-t-il obligatoire ? ☐ Oui ☐ Non

Les questions que je souhaite poser

Question	Réponse

Je prépare la visite

- Dans quelle ville se trouve l'entreprise ? ....
- Pour quel secteur travaille-t-elle ? ....
- Que produit-elle (biens, services) ? ....

....

- Lors de la visite, le port de matériels d'hygiène ou de sécurité sera-t-il obligatoire ? ☐ Oui ☐ Non

Les questions que je souhaite poser

Question	Réponse
....	....
....	....
....	....
....	....
....	....
....	....
....	....
....	....

Je me prépare au stage et à l'oral de 3e

Je m'interroge sur mon stage

LES OBJECTIFS

Le stage de 3e est l'occasion de **découvrir le monde du travail, partager le quotidien de professionnels et bénéficier d'une expérience concrète**.

À l'inverse du stage en entreprise classique, le stage de 3e est essentiellement **un stage d'observation**. Il représente une première rencontre avec le monde professionnel pour le collégien et doit lui permettre de **se familiariser avec le fonctionnement d'une société**.

LA DURÉE

D'une durée de 5 jours, consécutifs ou non, individuellement ou collectivement, **le stage est obligatoire pour tous les élèves de 3e**.

La durée hebdomadaire ne doit **pas dépasser les 30 heures pour les moins de 15 ans et les 35 heures pour les plus de 15 ans**.

L'ORGANISATION

Les élèves et leurs familles doivent être activement impliqués dans la recherche et le choix des lieux du stage.

Une convention obligatoire, signée entre l'établissement et l'entreprise ou l'organisme d'accueil, détaille les conditions d'encadrement et de suivi de l'élève, et garantit les conditions de sécurité.

Le stage de 3e est précédé d'un temps de préparation avec un professeur et suivi d'un temps d'exploitation ou de restitution. Les élèves peuvent s'y exprimer sur ce qu'ils y ont vu, et revenir sur leurs activités et leurs impressions.

TRAVAIL À FAIRE

1 **Vrai ou faux ? Coche la bonne réponse.**

	Vrai	Faux
Le stage d'observation est obligatoire.	☐	☐
Vous devrez réaliser les mêmes activités qu'un employé.	☐	☐
La durée du stage est de 5 jours.	☐	☐
Il est obligatoire de faire signer une convention avant le stage.	☐	☐
Le lieu du stage doit être recherché par les élèves et leurs familles.	☐	☐

JE DONNE MON AVIS !

2 J'identifie **les secteurs** ou **les métiers** que je **souhaiterais observer** lors de mon stage.

Liste des secteurs que je souhaiterais observer	**Liste des métiers** que je souhaiterais observer	**Liste des entreprises** qui pourraient m'intéresser
....	....	....
....	....	....
....	....	....
....	....	....

Je cherche mon stage

1 Je recherche la ou les entreprise(s) à contacter

Fais appel à ton entourage :

Demande à tes parents, à ta famille, à tes amis, à tes voisins s'ils connaissent une personne travaillant dans le secteur qui t'intéresse ou qui exerce le métier que tu as choisi.
Tu peux aussi **consulter le site internet des pages jaunes**.

2 Je rédige ma lettre de motivation

5 CONSEILS POUR RÉUSSIR SA LETTRE DE MOTIVATION

- ✓ Fais attention à l'orthographe.
- ✓ Adapte la lettre de motivation à l'entreprise.
- ✓ Ne fais pas une lettre trop longue.
- ✓ Saute des lignes pour aérer.
- ✓ Ajoute une signature écrite à la main.

Zoé MARTIN
31 rue du Stade
82510 BERVERIE
Tél. 07.00.00.00.00
zoe.cassis@kmail.fr

Nom de l'employeur
Adresse de l'employeur
Code Postal Ville

À Berverie, le __________

Indique la raison du courrier.

Objet : Lettre de motivation pour un Stage de 3e

Madame, Monsieur,

Indique, après avoir décrit ta situation, l'objectif principal du stage.

Actuellement élève de 3e au collège d'Oramont de Berverie, mon programme scolaire prévoit une période de stage d'observation d'une semaine en entreprise. L'objectif est de nous faire découvrir le monde du travail et d'acquérir une première expérience professionnelle.

Donne la période du stage.

De ce fait, je souhaiterais effectuer ce stage au sein de votre établissement pendant la semaine du ___ au ___.

Explique pourquoi tu as choisi cette entreprise.

Votre entreprise m'intéresse beaucoup. Cette découverte me permettrait de comprendre son fonctionnement et d'approfondir mes connaissances concernant le métier de (ou le secteur de)___ et ainsi d'éclairer mes futurs choix d'orientation.

En espérant que ma demande puisse retenir votre attention, je me tiens à votre disposition pour toutes questions et entrevues éventuelles.

Termine par une formule de politesse.

Dans l'attente d'une réponse de votre part, je vous prie d'agréer, Madame, Monsieur, mes sincères salutations.

Ajoute ta signature.

Zoé Martin

3 Je contacte l'entreprise

Téléphone, envoie ta lettre de motivation ou déplace-toi pour rencontrer les personnes et **montrer que tu es motivé(e)**.

Pense à relancer les organismes par téléphone si tu n'as pas de nouvelles.

TRAVAIL À FAIRE

Réalise une lettre de motivation et fais-la contrôler par ton professeur.

Je réalise mon stage

En tant que stagiaire, tu dois impérativement **respecter les règles** liées au monde du travail.

Afin de réussir au mieux ton stage et le rapport qui suivra, tu vas devoir prendre connaissance des codes et valeurs à respecter. Tu peux cocher au fur et à mesure la liste suivante.

MA CHECKLIST

Je coche lorsque j'ai compris et mis en pratique l'information	
Je suis sérieux(se)	
S'adapter aux règles de l'entreprise (ponctualité, règlement intérieur...)	☐
Faire preuve d'assiduité (respecter les horaires)	☐
Adopter un langage correct / Être courtois(e)	☐
Avoir une tenue correcte	☐
Je montre que je suis intéressé(e) !	
Être actif(ve), vigilant(e) et motivé(e)	☐
Demander quelles tâches je peux effectuer	☐
Demander si je peux aider	☐
Me documenter, m'informer, poser des questions	☐
J'anticipe la rédaction de mon rapport de stage	
Prendre des notes quotidiennement (voir p. 53)	☐
Noter les noms et les fonctions de mes interlocuteurs	☐
Me renseigner sur l'histoire et le fonctionnement de l'entreprise (voir p. 54)	☐
Noter mes propres impressions au fur et à mesure (voir p. 53)	☐
Je pense aux remerciements	
Ne pas oublier de remercier mon tuteur et les personnes avec qui j'ai été en contact.	☐

JE M'ORGANISE DANS LE TEMPS

J'indique les dates importantes pour mieux m'organiser	
Mon stage d'observation a lieu	du .... au ....
Je dois rendre mon rapport de stage	le ....
Mon oral de stage a lieu	le ....

MON JOURNAL DE BORD

Complète **chaque jour** ce journal. Il te permettra d'être plus précis(e) lors de la rédaction de ton rapport de stage.

Mon journal de bord	**Décris** ce que tu **as vu** ou **fait**	Indique ce que **tu as aimé** ou **moins aimé**, ainsi que **les difficultés rencontrées**
1er jour		
2e jour		
Je n'oublie pas de me renseigner sur l'histoire et le fonctionnement de l'entreprise (voir p. 54)		
3e jour		
Je n'oublie pas de réaliser l'interview d'un(e) professionnel(le) (voir p. 56)		
4e jour		
Je pense à remercier mon tuteur/ma tutrice et les personnes qui se sont occupées de moi		
5e jour		

J'écris mon rapport de stage

MON RAPPORT DU STAGE D'OBSERVATION DE 3E

Dates du stage : ....

1 L'entreprise

Identité de l'entreprise

- Nom de l'entreprise : ....
- Adresse : ....
- Nom du tuteur de stage : ....

I. Présentation de l'entreprise

- Quelle est l'activité principale de l'entreprise ? ....

....

....

....

....

- Combien de salariés travaillent dans cette entreprise ?

....

- Cite quelques **noms de métiers** exercés dans l'entreprise :

....

....

II. Historique et évolution de l'entreprise

- **Quelle est histoire de cette entreprise ? son évolution ?**
- **Hier** : Histoire de l'entreprise, âge, faits marquants, alliance(s) avec d'autres.
- **Aujourd'hui** : Est-ce que l'entreprise fait des bénéfices ? Est-elle en difficulté ?
- **Demain** : Quels sont les prévisions, les projets, les risques ?

Rédige ta réponse : ....

....

....

....

....

....

....

....

....

2 La semaine de stage

Décris ce que tu as vu ou fait.

Indique les faits majeurs, les objectifs et les méthodes employées.

- **Le premier jour :**

- **Les jours suivants :**

- **Décris les difficultés rencontrées et les solutions apportées :**

3 Interview d'un professionnel

Voici les **questions que tu peux poser** à une personne de l'entreprise.
Écris ici les réponses qui t'ont été données.

I. Description du métier

- Quel est le métier que vous exercez ? ....
- Pouvez-vous me décrire ce métier, m'expliquer en quoi il consiste ?
....
....
- Votre métier a-t-il évolué depuis que vous avez commencé à le pratiquer ? Pourquoi ?
....
....

II. Les conditions de travail

- Quelles sont vos conditions de travail (bureau, atelier, extérieur, ville, campagne, ...), l'atmosphère (bruit, chaleur, travail debout ou assis, ...) ?
....
....
- Quels sont les horaires ? Sont-ils réguliers ou non ? Combien d'heures pouvez-vous faire au maximum par semaine ?
....
- Quelles sont les possibilités de promotion ou d'évolution ? ....
....

III. Qualités personnelles et formation

- Pourquoi avez-vous choisi cette profession ?
....
....
- Quelles sont les qualités qui vous semblent nécessaires pour ce travail ?
....
- Quelles études doit-on faire, quels diplômes doit-on obtenir pour exercer votre profession ?
....
....
- Peut-on continuer à se former et à se perfectionner après ? Comment ?
....
....

4 Bilan du stage d'observation

Analyse des activités

Donne ton sentiment sur le stage.

- **Les activités de l'entreprise** correspondent-elles à **ce que tu avais imaginé ?**

- Quelles sont **les activités** qui t'ont **le plus intéressées** ?

- Quelles sont celles qui t'ont **vraiment déplues** ?

- **Ce stage d'observation en entreprise** t'a-t-il **aidé à préciser ton projet professionnel** ? Explique.

Bilan rédigé

Exprime ce que tu as pensé du stage, ce qui t'a intéressé, ce qui t'a déplu. **Présente ton opinion** sur le monde du travail tel que tu l'as observé.

Explique également l'écart entre tes attentes et la réalité du stage.

Remarque éventuelle du tuteur de stage :

Remarque éventuelle du professeur :

Je prépare l'oral de stage

(Épreuve orale de soutenance)

Lors de l'épreuve orale du brevet, il est possible de présenter **son stage d'observation de 3e**.

Cette épreuve orale est une soutenance : elle a pour objectif d'évaluer la capacité du candidat à exposer les connaissances et compétences acquises.

DURÉE ET DÉROULEMENT

Durée de l'épreuve : **15 minutes**

L'oral se déroule en deux temps : un exposé (5 minutes) suivi d'un entretien avec le jury (10 minutes).

Dans le cas d'une présentation collective, 10 minutes d'exposé précèdent 15 minutes d'échanges entre le jury et l'ensemble du groupe ; chaque candidat fait l'objet d'une évaluation individuelle.

NOTATION

L'épreuve est notée sur 100 points et se décompose ainsi :

– maîtrise de l'expression orale (50 points) ;
– maîtrise du sujet présenté (50 points).

QUELQUES CONSEILS POUR RÉUSSIR TON ORAL DE STAGE

Lors d'un exposé oral, il est vivement conseillé de diffuser au vidéoprojecteur **un diaporama** afin de :
– le rendre **plus intéressant** et de **capter l'attention du jury** ;
– t'en servir comme **« fil conducteur » pour structurer** tes propos.

Pour éviter tout problème de compatibilité, il est conseillé d'**enregistrer ton diaporama sous différents formats** : Open Office ou Libre Office, PDF...

Les conseils pour un diaporama réussi

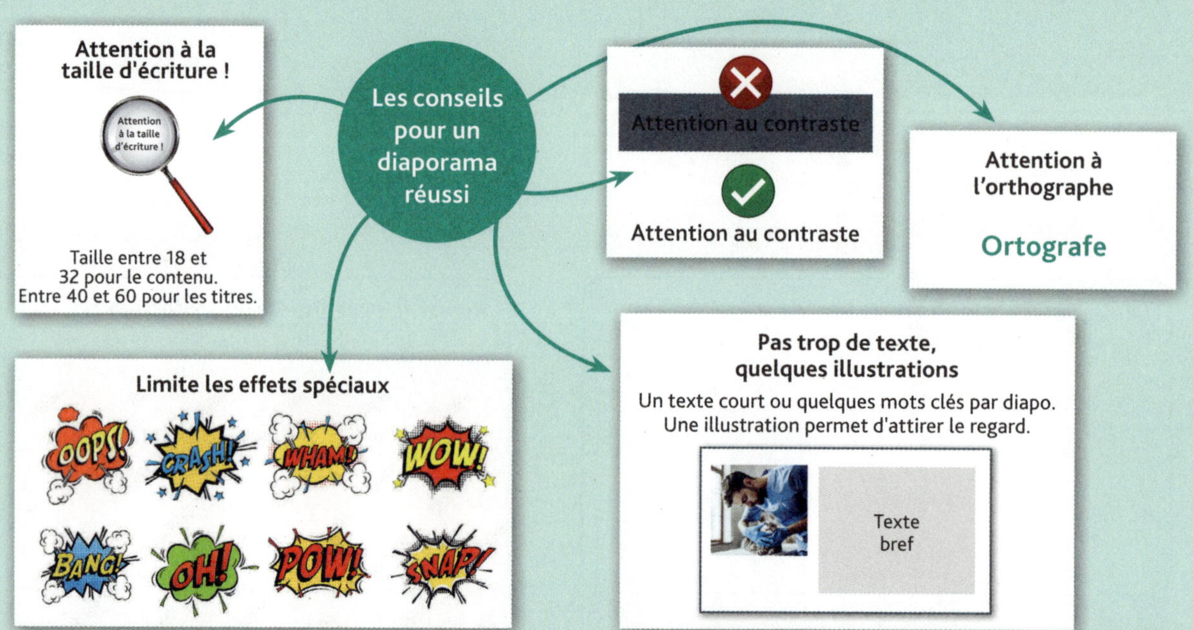

EXEMPLE DE PLAN POUR L'ORAL DE STAGE

Exemple de plan pour l'oral de stage

- **Introduction**
  1. Se présenter
  2. Indiquer le nom de l'entreprise et le lieu du stage
  3. Expliquer les démarches effectuées pour obtenir ton stage (lettre de motivation, entretien....)
  4. Annoncer le plan (« Je vais commencer par vous présenter... »)
- **Présentation de l'entreprise**
  5. Informer sur le ou les secteurs d'activités
  6. Indiquer le nombre de salariés
  7. Donner quelques chiffres intéressants (chiffre d'affaires, parts de marché...)
  8. Donner des informations sur le maître de stage (son rôle dans l'entreprise, ses diplômes...)
- **Tes missions dans l'entreprise**
  9. Évoquer les missions qui t'ont été confiées ou que tu as observées
  10. Parler du service auquel tu étais rattaché
  11. Mentionner les fonctions des personnes avec lesquelles tu as interagi
- **Conclusion**
  12. Indiquer ce que tu as aimé particulièrement faire et ce qui a été le plus difficile pour toi
  13. Indiquer ce que le stage t'a apporté, ce que tu as appris
  14. Expliquer si tu as une vision plus claire de ton avenir ou des études que tu vas suivre

LES CONSEILS POUR UN EXPOSÉ RÉUSSI

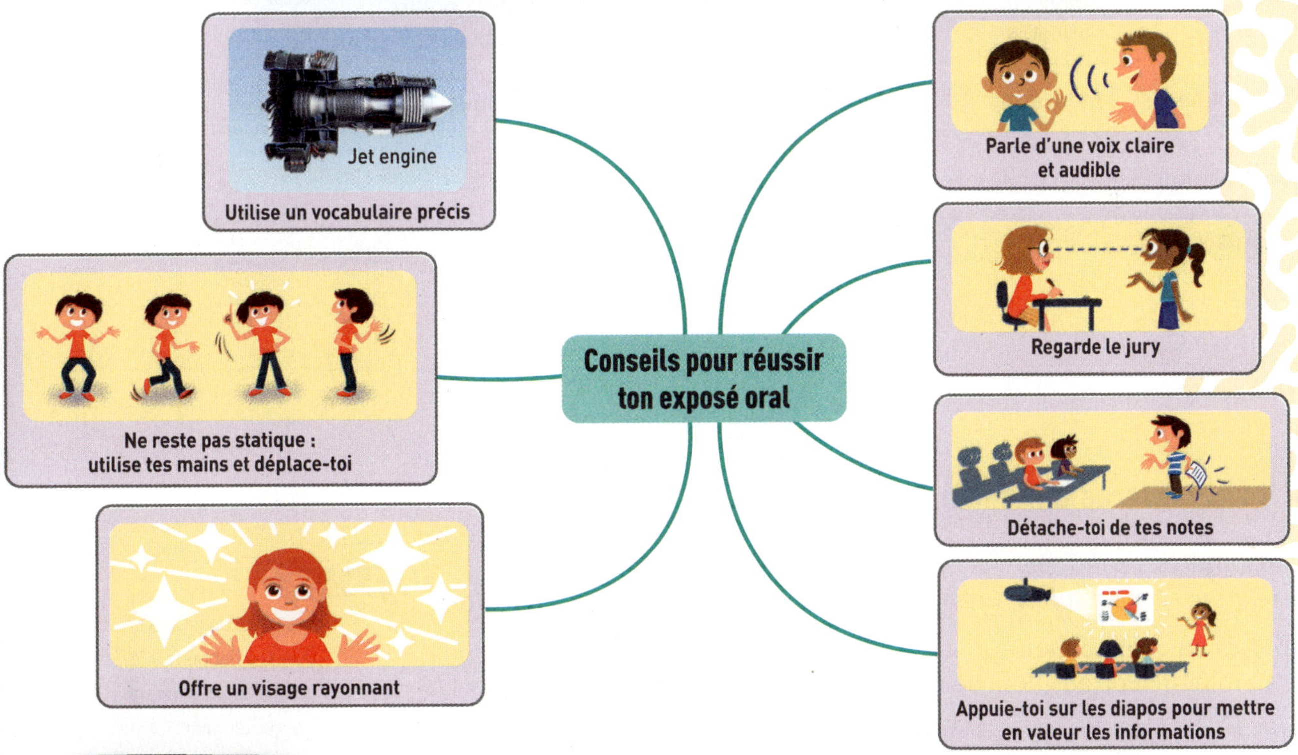

TRAVAIL À FAIRE

1 Vrai ou faux ? Coche la bonne réponse.

	Vrai	Faux
L'épreuve orale du brevet est notée sur 100 points.	☐	☐
L'entretien avec le jury dure 5 minutes.	☐	☐
Lors de l'exposé oral, il est conseillé d'utiliser un diaporama.	☐	☐
Le diaporama permet de guider la présentation.	☐	☐

J'apprends à me connaître

L'IMPORTANCE DE LA CONNAISSANCE DE SOI POUR RÉUSSIR SON PROJET D'ORIENTATION.

> *« Chaque métier nécessite des connaissances, des compétences, des savoir-faire et des savoir-être.*
>
> *Plus on se connaît dans les domaines cognitifs et affectifs, plus on sera capable de choisir une profession en adéquation avec ses forces et ses faiblesses. Nos centres d'intérêt, nos passions, nos diverses activités (physiques, artistiques, culturelles, etc.), les bilans psychométriques et l'introspection nous permettent de mieux nous connaître. L'objectif est d'être heureux et épanoui dans le métier que l'on veut exercer. »*
>
> M. Alexandre Porion (Psychologue du développement)

1 Mes qualités

1. Parmi tous ces qualificatifs, coche ceux qui te correspondent le mieux.

☐ Adaptable / Souple	☐ Économe	☐ Intelligent	☐ Prudent	☐ Se tient au courant
☐ Ambitieux	☐ À l'écoute	☐ Jugement	☐ Psychologue	☐ Sens des chiffres
☐ Animateur	☐ Efficace	☐ Loyal	☐ Rapide dans l'action	☐ Sérieux
☐ Autonome	☐ Énergique / Motivé	☐ Méthodique	☐ Réceptif	☐ Sociable
☐ Assidu	☐ Enthousiaste	☐ Observateur	☐ Rédige bien	☐ Soigné
☐ Calme	☐ Équilibré / Stable	☐ Ordonné	☐ Réfléchi	☐ Tient les autres au courant
☐ Coopératif	☐ Exigeant	☐ Ouvert aux autres	☐ Réfléchit rapidement	☐ Travaille bien en équipe
☐ Courageux	☐ S'exprime bien	☐ Patient	☐ Réservé	☐ Travaille bien sous tension
☐ Créatif	☐ Fiable	☐ Persévérant	☐ Résistant	☐ Travailleur
☐ Débrouillard	☐ Franc	☐ Plein de confiance	☐ Résout des conflits	☐ Va jusqu'au bout des choses
☐ Direct	☐ Honnête	☐ Positif	☐ Responsable	
☐ Discret	☐ Imaginatif	☐ Précis	☐ Sens de l'urgence	
☐ Dynamique	☐ Innovateur	☐ Prend l'initiative	☐ Sens pratique	
		☐ Professionnel		

2. Parmi les points forts cochés, reporte ci-dessous les 3 qualificatifs qui te caractérisent le mieux :

Mes qualités :		
1.	2.	3. ....

2 Mes centres d'intérêt

bordas.media/740262_52

© ONISEP

Chacun s'intéresse à des idées, des domaines d'activité, des modes de vie ou de relation avec les autres. Connaître ses intérêts est un facteur de réussite.

1. Réponds au questionnaire en ligne « QUIZ SECTEUR » de l'Onisep grâce au mini-lien ou au QR-code ci-dessus.

2. Après avoir répondu à toutes les questions, **indique dans le tableau** ci-dessous **le secteur professionnel principal** conseillé en fonction de tes qualités et centres d'intérêt.

3. Donne trois exemples de métiers liés à celui-ci et qui t'attirent.

À NOTER

Les questionnaires de l'Onisep donnent une tendance. Ils peuvent t'aiguiller, mais garde ton esprit critique et demande conseil.

Mon secteur conseillé	Exemples de métiers correspondants
....	....
....	....
....	....
....	....

3 Mon environnement de travail

1. Coche les cases selon ton ressenti : ☒ J'aimerais bien. ☒ Ça m'est égal. ☒ Certainement pas.

Le lieu de travail :		Les relations :	
– Travailler dans un bureau	☐	– Avoir des relations fréquentes avec l'extérieur	☐
– Être sur le terrain	☐	– Travailler en équipe	☐
– Travailler dans une petite structure	☐	– Travailler seul	☐
– Travailler dans une grande structure	☐	– Contrôler le travail des autres	☐
– Travailler à l'air libre	☐	– Travailler en coopération avec les autres	☐
– Rentrer tous les soirs chez soi	☐	– Diriger les autres	☐
– Faire des déplacements	☐	– Avoir un supérieur hiérarchique	☐
– Partir à l'étranger	☐		
Le contenu du travail :			
– Avoir un travail créatif, proposer des idées	☐	– Avoir un travail manuel	☐
– Exercer ses compétences techniques	☐	– Avoir un travail intellectuel	☐
– Avoir beaucoup de travail	☐	– Avoir un poste permettant de suivre le travail de sa conception à sa réalisation	☐
– Avoir un poste aux tâches bien définies	☐	– Vendre	☐
– Avoir des tâches diverses	☐	– Faire un travail physique	☐
– Apprendre aux autres	☐		

2. Fais le bilan des conditions de travail que tu souhaites.

Mon environnement souhaité	
Je veux *Indique tes 3 conditions de travail favorites cochées en vert dans le tableau précédent*	**Je ne veux pas** *Indique les 3 conditions de travail qui ne te correspondent pas du tout.*
....	....
....	....
....	....

4 Mes goûts

© ONISEP

1. Réponds au questionnaire en ligne grâce au mini-lien ou au QR-code ci-contre. bordas.media/740262_53

2. Après avoir répondu à toutes les questions du QUIZ « Quels métiers selon mes goûts ? », **indique dans le tableau** ci-dessous **le ou les secteurs** qui te sont conseillés.

3. Donne **trois métiers** rentrant **dans ces secteurs** et qui t'attirent.

Mes secteurs conseillés	Métiers rentrant dans ces secteurs
....	....
....	....
....	....

5 Mes talents

Le talent désigne un don particulier pour quelque chose.

Voici quelques exemples de talents : talent artistique, talent sportif, talent pour les langues, talent pour les mathématiques et les sciences, talent pour la communication, talent pour les relations interpersonnelles (être à l'écoute et savoir gérer les conflits), talent pour l'organisation, talent pour les technologies, créativité, talent pour le leadership (être capable de diriger et de motiver une équipe)…

À NOTER
Les talents peuvent être acquis et développés au fil du temps et de l'expérience.

Indique tes talents actuels.

Mes talents	
....	....
....	....
....	....

Je découvre les orientations possibles

La 3e « prépa-métiers »

La **prépa-métiers** est un dispositif qui **permet de découvrir plusieurs métiers** tout en suivant les enseignements classiques de la classe de Troisième.

La 3e prépa-métiers s'adresse principalement aux élèves qui souhaitent s'orienter vers la voie professionnelle ou l'apprentissage.

LE PROGRAMME

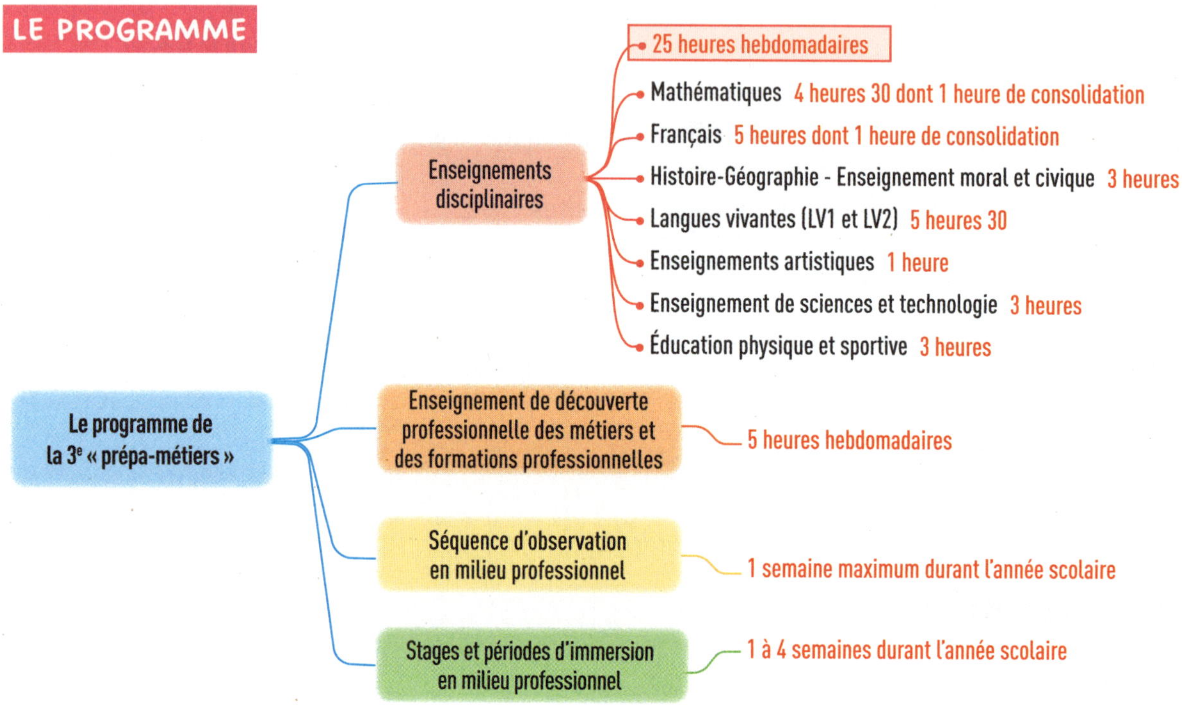

L'ADMISSION

La demande d'admission en 3e « prépa-métiers » se fait **à la fin du deuxième trimestre de la classe de 4e**.

Après avis favorable du conseil de classe, une commission académique examine la demande de passage en 3e « prépa-métiers ».

Cette commission accorde ou refuse la demande.

LA POURSUITE D'ÉTUDES

Après la classe de 3e « prépa-métiers », les élèves participent à la **même procédure d'orientation** et d'affectation que les autres élèves.

La poursuite d'études se fait, le plus souvent, vers une Seconde professionnelle ou vers l'apprentissage. Rien n'interdit, cependant, la poursuite d'études vers la voie générale ou technologique.

TRAVAIL À FAIRE

1 Indique si les affirmations suivantes sont vraies ou fausses.

	Vrai	Faux
L'orientation en 3e « prépa-métiers » s'effectue en fin de 4e.	☐	☐
Après la 3e « prépa-métiers », il y a l'obligation d'aller vers la voie professionnelle.	☐	☐
La « prépa-métiers » va te permettre de découvrir plusieurs familles de métiers.	☐	☐
En 3e « prépa métiers », il est possible de réaliser un stage d'observation de 2 semaines.	☐	☐

Les voies après la 3e

Durant mon année de Troisième, je vais devoir choisir mon orientation parmi plusieurs grandes voies.

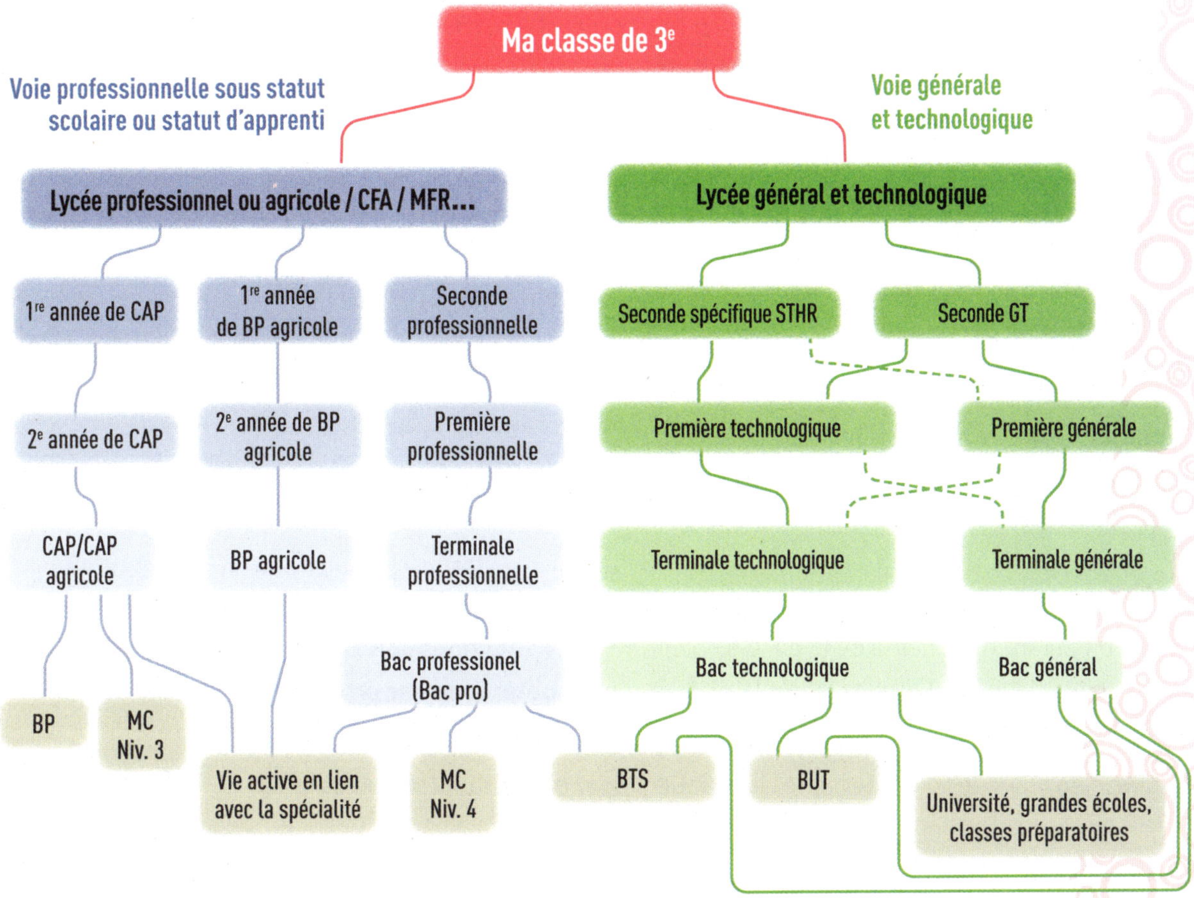

ZOOM SUR ...LE CAP

La préparation du CAP dure deux ans après la Troisième.

Le CAP est un diplôme de niveau 3 qui offre un premier niveau de qualification à ceux qui **souhaitent accéder rapidement à la vie active**. La préparation a lieu dans un lycée professionnel ou un lycée professionnel agricole dans le cas du certificat d'aptitude professionnelle agricole (Capa).

Il existe environ 200 spécialités.

Tu peux les retrouver sur le site Onisep.

© ONISEP
bordas.media/740262_54

...LE BP

Le brevet professionnel (BP) est un diplôme de niveau 4, comme le bac. Il garantit une haute qualification dans l'exercice d'une activité professionnelle définie, à caractère industriel, artisanal, commercial, administratif ou social.

L'accès se fait après l'obtention d'un diplôme de CAP dans la même spécialité ou une spécialité voisine.

...LE BP AGRICOLE

Le brevet professionnel agricole (BPA) est un diplôme de niveau 3 délivré par la voie de l'apprentissage ou en formation continue.

Préparé en 2 ans après la 3e, le BPA permet l'entrée dans la vie professionnelle comme ouvrier qualifié dans le domaine agricole et para-agricole.

Il se décline en 7 secteurs professionnels : **production animale**, **horticulture**, **forêt**, **industries alimentaires**, **vigne et vin**, **agroéquipement** et **aménagements paysagers**.

Retrouve toutes les offres de formation en BPA sur le site Onisep.

© ONISEP
bordas.media/740262_55

Les voies après la 3e

TRAVAIL À FAIRE

1 À partir de tes connaissances et / ou de recherches, **écris l'intitulé complet** des sigles ci-dessous.

2de GT	....
STHR	....
BTS	....
BUT	....
CAP	....
CAPA	....
MC	....
CFA	....
MFR	....

2 En t'aidant du schéma de la page 63, **réponds aux questions suivantes**.

a. Combien d'années d'études, après la 3e, faut-il pour obtenir un bac professionnel ?

....

b. Combien d'années d'études après la 3e faut-il pour obtenir un CAP ou un BP ?

....

c. Peut-on poursuivre des études après un bac professionnel ?

....

d. À quel moment choisit-on d'aller dans une filière technologique ou une filière générale ?

....

e. Je souhaite passer un bac technologique. Vers quelle Seconde dois-je m'orienter ?

....

f. Je souhaite obtenir un bac général. Vers quelle Seconde dois-je m'orienter ?

....

LE SAIS-TU ?

Après l'obtention de leur bac pro, **50 % des diplômés** poursuivent leurs études dans l'enseignement supérieur, tandis que **37 %** quittent la scolarité et **13 %** repartent pour une formation avant le bac.

JE DONNE MON AVIS !

3 Pour l'instant, après la Troisième, **j'envisage de m'orienter** vers (*coche la ou les réponses souhaitées*) :

- ☐ 2de GT
- ☐ 2de professionnelle
- ☐ 1re année de BPA
- ☐ 1re année de CAP
- ☐ 2de spécifique
- ☐ Je ne sais pas encore

4 **Je justifie** mon ou mes choix :

....

....

....

Le lycée professionnel

LES FAMILLES DE MÉTIERS ET LES SPÉCIALITÉS

Le bac professionnel se prépare en 3 ans dans un lycée professionnel ou un CFA.
La Seconde professionnelle est organisée en **familles de métiers** dans la plupart des domaines :

LE SAIS-TU ? Il existe plus de 120 spécialités différentes de bac pro !

Les familles de métiers de la 2de professionnelle

- Métiers de l'alimentation
- Métiers de la beauté et du bien-être
- Métiers de l'aéronautique
- Métiers de l'hôtellerie-restauration
- Métiers de la réalisation d'ensembles mécaniques et industriels
- Métiers de la maintenance des matériels et des véhicules
- Métiers de l'agencement, de la menuiserie et de l'ameublement
- Métiers de la mer
- Métiers de la construction durable, du bâtiment et des travaux publics
- Métiers de la gestion administrative, du transport et de la logistique
- Métiers de la relation client
- Métiers des industries graphiques et de la communication
- Métiers des études et de la modélisation numérique du bâtiment
- Métiers du numérique et des transitions énergétiques
- Métiers du pilotage et de la maintenance des installations automatisées

L'objectif de la Seconde professionnelle est de donner le temps et les connaissances nécessaires aux élèves pour choisir une spécialité pour la Première et la Terminale (➤ *p. 66*).
Il existe également d'autres spécialités hors de ces familles (➤ *p. 68*), ainsi que l'enseignement agricole (➤ *p. 69*).

TRAVAIL À FAIRE

1 Quel est le rôle des familles de métiers de la 2de professionnelle ? **Souligne les bonnes réponses** :
- Permettre une orientation progressive à partir de la 2de.
- Découvrir un ensemble de spécialités afin de mieux choisir en fin de 2de.
- Contraindre à choisir un métier rapidement.

2 Vrai ou faux ? **Coche la bonne réponse.**

	Vrai	Faux
Si je souhaite obtenir un bac professionnel, je dois obligatoirement aller dans le lycée professionnel le plus proche de chez moi.	☐	☐
Le bac professionnel n'est pas considéré comme un vrai bac.	☐	☐

JE DONNE MON AVIS !

3 **J'observe** la carte mentale de la page suivante et **j'entoure**, en rouge, les **familles de métiers**, et éventuellement les **spécialités**, qui pourraient m'intéresser.
En m'aidant de la fiche guide p. 67, **je trouve un lycée** proche de chez moi qui propose une des spécialités ou la famille de métiers que j'ai entourées. **J'indique**, ci-dessous, son nom et son adresse.

....

....

....

....

Je découvre les orientations possibles

Le lycée professionnel

Les familles de métiers de la 2de professionnelle

- **Métiers de l'alimentation**
  - Boucher-charcutier-traiteur
  - Boulanger-pâtissier
  - Poissonnier-écailler-traiteur
- **Métiers de la beauté et du bien-être**
  - Esthétique cosmétique parfumerie
  - Coiffure
- **Métiers de l'aéronautique**
  - Aéronautique option Avionique
  - Aéronautique option Système
  - Aéronautique option Structure
  - Aviation générale
- **Métiers de l'hôtellerie-restauration**
  - Cuisine
  - Commercialisation et services en restauration
- **Métiers de la réalisation d'ensembles mécaniques et industriels**
  - Fonderie
  - Microtechniques
  - Technicien modeleur
  - Technicien en chaudronnerie industrielle
  - Traitement des matériaux
  - Technicien en réalisation de produits mécaniques
    - option Réalisation et suivi de production
    - option Réalisation et maintenance des outillages
- **Métiers de la maintenance des matériels et des véhicules**
  - Maintenance des véhicules
    - option A : Voitures particulières
    - option B : Véhicules de transport routier
    - option C : Motocycles
  - Maintenance des matériels
    - option A : Matériels agricoles
    - option B : Matériels de construction et manutention
    - option C : Matériels d'espaces verts
- **Métiers de l'agencement, de la menuiserie et de l'ameublement**
  - Technicien menuisier agenceur
  - Technicien de fabrication bois et matériaux associés
  - Étude et réalisation d'agencement
- **Métiers du pilotage et de la maintenance des installations automatisées**
  - Pilote de ligne de production
  - Procédés de la chimie, de l'eau et des papiers-cartons
  - Technicien de scierie
  - Maintenance des systèmes de production connectés
- **Métiers de la construction durable, du bâtiment et des travaux publics**
  - Travaux publics
  - Technicien du bâtiment (organisation et réalisation du gros œuvre)
  - Interventions sur le patrimoine bâti, option A Maçonnerie
  - Interventions sur le patrimoine bâti, option B Charpente
  - Interventions sur le patrimoine bâti, option C Couverture
  - Menuiserie aluminium-verre
  - Aménagement et finitions du bâtiment
  - Ouvrages du bâtiment : métallerie
- **Métiers de la gestion administrative, du transport et de la logistique**
  - Assistance à la gestion des organisations et de leurs activités (AGOrA)
  - Logistique
  - Organisation de transport de marchandises
- **Métiers de la relation client**
  - Métiers du commerce et de la vente
    - option A : Animation et gestion de l'espace commercial
    - option B : Prospection-clientèle et valorisation de l'offre commerciale
  - Métiers de l'accueil
- **Métiers des industries graphiques et de la communication**
  - Façonnage de produits imprimés, routage
  - Réalisation de produits imprimés et plurimédia
    - option A : Productions graphiques
    - option B : Productions imprimées
- **Métiers des études et de la modélisation numérique du bâtiment**
  - Technicien d'études du bâtiment
    - option A : Études et économie
    - option B : Assistant en architecture
  - Technicien géomètre-topographe
- **Métiers du numérique et des transitions énergétiques**
  - Installateur en chauffage, climatisation et énergies renouvelables
  - Maintenance et efficacité énergétique
  - Métiers du froid et des énergies renouvelables
  - Métiers de l'électricité et de ses environnements connectés
  - Systèmes numériques
    - option A : Sûreté et sécurité des infrastructures, de l'habitat et du tertiaire
    - option B : Audiovisuels, réseau et équipement domestiques
    - option C : Réseaux informatiques et systèmes communicants
- **Métiers de la mer**
  - Conduite et gestion des entreprises maritimes commerce/plaisance professionnelle, option voile ou option yacht
  - Conduite et gestion des entreprises maritimes pêche
  - Électromécanicien de marine
  - Polyvalent navigant pont/machine

Les spécialités après la 2de professionnelle

Comment trouver un lycée professionnel qui propose la famille de métiers qui m'intéresse ?

ÉTAPE 1 Je vais sur le site de l'Onisep.

© ONISEP

bordas.media/740262_56

ÉTAPE 2 Je clique sur la famille de métiers qui m'intéresse.

LES FAMILLES DE MÉTIERS EN PLACE

Les familles de métiers se sont installées par vagues successives.

- > MÉTIERS DE L'AÉRONAUTIQUE
- > MÉTIERS DE L'AGENCEMENT, DE LA MENUISERIE ET DE L'AMEUBLEMENT
- > MÉTIERS DE L'ALIMENTATION
- > MÉTIERS DE L'HÔTELLERIE ET RESTAURATION
- > MÉTIERS DE LA BEAUTÉ ET DU BIEN-ÊTRE
- > MÉTIERS DE LA CONSTRUCTION DURABLE, DU BÂTIMENT ET DES TRAVAUX PUBLICS
- > MÉTIERS DE LA GESTION ADMINISTRATIVE, DU TRANSPORT ET DE LA LOGISTIQUE
- > MÉTIERS DE LA MAINTENANCE DES MATÉRIELS ET DES VÉHICULES
- > MÉTIERS DE LA MER
- > MÉTIERS DE LA RÉALISATION D'ENSEMBLES MÉCANIQUES ET INDUSTRIELS
- > MÉTIERS DE LA RELATION CLIENT

ÉTAPE 3 Je choisis une spécialité.

- > MÉTIERS DE L'AÉRONAUTIQUE
- > MÉTIERS DE L'AGENCEMENT, DE LA MENUISERIE ET DE L'AMEUBLEMENT
- > MÉTIERS DE L'ALIMENTATION
- > MÉTIERS DE L'HÔTELLERIE ET RESTAURATION
- ∨ MÉTIERS DE LA BEAUTÉ ET DU BIEN-ÊTRE
  - Esthétique cosmétique parfumerie
  - Métiers de la coiffure
- > MÉTIERS DE LA CONSTRUCTION DURABLE, DU BÂTIMENT ET DES TRAVAUX PUBLICS
- > MÉTIERS DE LA GESTION ADMINISTRATIVE, DU TRANSPORT ET DE LA LOGISTIQUE
- > MÉTIERS DE LA MAINTENANCE DES MATÉRIELS ET DES VÉHICULES

À NOTER

La page « les familles de métiers » permet également de choisir une spécialité hors métiers ou dans l'enseignement agricole (voir p. 68 et p. 69) :

LES SPÉCIALITÉS HORS FAMILLES DE MÉTIERS

- > LISTE DES SPÉCIALITÉS HORS FAMILLES DE MÉTIERS

LES FAMILLES DE MÉTIERS DANS L'ENSEIGNEMENT AGRICOLE

- > MÉTIERS DE L'ALIMENTATION-BIO-INDUSTRIE-LABORATOIRE
- > MÉTIERS DE LA NATURE - JARDIN - PAYSAGE - FORÊT
- > MÉTIERS DES PRODUCTIONS
- > MÉTIERS DU CONSEIL VENTE

LES SPÉCIALITÉS HORS FAMILLES DE MÉTIERS DE L'ENSEIGNEMENT AGRICOLE

- > LISTE DES SPÉCIALITÉS HORS FAMILLES DE MÉTIERS

DERNIÈRE ÉTAPE J'indique mes préférences dans la partie « Où se former ? ».

Bac pro esthétique cosmétique parfumerie

Durée de formation : 3 ans **Nature du diplôme** : diplôme national ou diplôme d'État

À savoir

Le titulaire du bac pro esthétique cosmétique parfumerie réalise des soins esthétiques et vend des services et des produits de parfumerie.

Il maîtrise les techniques professionnelles nécessaires pour concevoir et réaliser divers soins esthétiques pour le visage et le corps (épilation, bronzage, pose de prothèses ongulaires, soins du visage et du corps, maquillage...) en utilisant des procédés manuels, des produits cosmétiques et des appareils adaptés.

Il vend des produits cosmétiques et des services, en fonction de la demande des clients, et peut participer à l'animation d'un espace de vente. Il prend part à la gestion des produits et des équipements (rangement des produits et de l'outillage, gestion des matériels, suivi des stocks).

Enfin, il peut être amené à assurer la gestion administrative et financière courante (prévision des ventes, opérations bancaires...) et à encadrer du personnel.

Le bachelier exerce son activité dans les instituts de beauté, les parfumeries, ou les entreprises de distribution de produits et de matériels. Il peut également travailler dans les entreprises de fabrication de produits et de matériels professionnels.

Après quelques années d'expérience il peut gérer son propre institut.

Les admissions

Ce bac pro se prépare en 3 ans après la classe de 3e. Les élèves entrent en 2de professionnelle **métiers de la beauté et du bien être** pour préparer cette spécialité du bac pro.

L'accès est différent pour les élèves en apprentissage qui entrent directement dans cette spécialité de bac pro sans passer par une 2de pro famille de métiers.

Les élèves titulaires de certains CAP du même secteur peuvent également le préparer en 2 ans sous certaines conditions.

Exemple(s) de formation(s) requise(s)
Classe de 2de professionnelle métiers de la beauté et du bien-être
CAP Esthétique cosmétique parfumerie

Les poursuites d'études

Le bac pro a pour premier objectif l'insertion professionnelle mais, avec un très bon dossier ou une mention à l'examen, une poursuite d'études est envisageable en BTS.

Exemple(s) de formation(s) possible(s)
BM esthéticien cosméticien
BTS Métiers de l'esthétique-cosmétique-parfumerie option A management
BTS Métiers de l'esthétique-cosmétique-parfumerie option B formation-marques
BTS Métiers de l'esthétique-cosmétique-parfumerie option C cosmétologie

Exemples de métiers

ESTHÉTICIEN-COSMÉTICIEN

Où se former ?

Vous pouvez saisir un critère géographique (facultatif) :

saisir une ville, un code postal, une académie, une régi... ou Recherchez autour de vous

204 résultats

Afficher la carte

Modalité de formation: Apprentissage | Autres modalités | Temps plein

Durée de formation

LV1

LV2

Langues

Type d'établissement

Hébergement

Statut de l'établissement

Ma préférence géographique

Mes autres préférences (durée, langues, hébergement...)

LES SPÉCIALITÉS HORS FAMILLES DE MÉTIERS

Certains bacs pros sont **trop spécifiques** pour rentrer dans l'une des familles de métiers précédentes. Ils sont à choisir dès la 2de.

Les spécialités hors familles de métiers

- Cultures marines
- Gestion des pollutions et protection de l'environnement
- Hygiène, propreté, stérilisation
- Maintenance nautique
- Métiers de la mode - vêtements
- Métiers du cuir
  - option Chaussures
  - option Maroquinerie
  - option Sellerie garnissage
- Métiers et arts de la pierre
- Optique lunetterie
- Photographie
- Réparation des carrosseries
- Technicien en appareillage orthopédique
- Technicien gaz
- Transport fluvial
- Accompagnement, soins et services à la personne
- Artisanat et métiers d'art
  - Facteur d'orgues
    - option A : Organier
    - option B : Tuyautier
  - Communication visuelle pluri-media
  - Marchandisage visuel
  - Métiers de l'enseigne et de la signalétique
  - Tapisserie d'ameublement
  - Verrerie scientifique et technique
- Bio-industries de transformation
- Conducteur transport routier marchandises
- Construction des carrosseries
- Métiers de la sécurité
- Métiers de l'entretien des textiles
  - option A : Blanchisserie
  - option B : Pressing
- Modélisation et prototypage 3D
- Perruquier posticheur
- Plastiques et composites
- Technicien constructeur bois
- Technicien en prothèse dentaire
- Techniques d'interventions sur installations nucléaires

ATTENTION !

Le choix pour ce type de bac professionnel se fait directement lors du processus d'orientation en classe de 3e. Il est important de bien se renseigner !

JE DONNE MON AVIS !

1 **Je choisis une spécialité** sur la carte ci-dessus et **j'effectue des recherches** sur Internet afin **d'expliquer en quoi ça consiste. J'indique** ensuite **le nom d'un lycée** où je pourrais être formé :

....

....

....

....

....

....

LES FAMILLES DE MÉTIERS DANS L'ENSEIGNEMENT AGRICOLE

Si tu optes pour un bac professionnel agricole après la 3e, tu devras choisir la famille de métiers qui t'intéresse pendant ton année de Troisième.

Tout au long de ton année de Seconde, tu découvriras les différents métiers liés à ce domaine et affineras alors progressivement ton choix.

En fin de Seconde, tu devras indiquer sous forme de vœux les spécialités de bac pro agricole (appartenant à la famille de métiers) que tu souhaites poursuivre en Première et en Terminale.

Les familles de métiers dans l'enseignement agricole

- **Métiers de l'alimentation** – Bio – Industrie – Laboratoire
  - Bio-industries de transformation
  - Laboratoire contrôle qualité
- **Métiers de la nature** – Jardin – Paysage – Forêt
  - Aménagements paysagers
  - Forêt
  - Gestion des milieux naturels et de la faune
- **Métiers des productions**
  - Agroéquipement
  - Conduite de productions horticoles
  - Conduite de productions aquacoles
  - Conduite et gestion de l'entreprise agricole
  - Conduite et gestion de l'entreprise hippique
  - Conduite et gestion de l'entreprise vitivinicole
  - Conduite et gestion d'une entreprise du secteur canin et félin
- **Métiers du conseil vente**
  - Technicien conseil vente en alimentation
  - Technicien conseil vente en animalerie
  - Technicien conseil vente univers jardinerie

Les spécialités hors familles de métiers de l'enseignement agricole
- Services aux personnes et aux territoires
- Technicien en expérimentation animale

LE SAIS-TU ?

L'enseignement agricole compte plus de **800** établissements sur tout le territoire et forme chaque année plus de **210 000 élèves**, apprentis et étudiants. Il propose des formations concrètes de la 4e au doctorat, accessibles par la voie scolaire, l'apprentissage ou la formation professionnelle continue.

LE SAIS-TU ?

Les femmes représentent **27 %** des employés du milieu agricole. En France, elles représentent **25 %** des chefs d'exploitation agricole.

TRAVAIL À FAIRE

1 Si je souhaite obtenir un bac professionnel agricole « Conduite et gestion de l'entreprise agricole », **quelle famille de métiers dois-je choisir** en fin de 3e ?

....

....

....

JE DONNE MON AVIS !

2 **Je choisis une spécialité** sur la carte ci-dessus et **je recherche deux établissements** proposant cette formation.

....

....

....

....

ZOOM SUR L'APPRENTISSAGE

L'apprentissage est une **formation en alternance** : il associe une formation chez un employeur et des enseignements dispensés dans un organisme de formation.

Les organismes de formation dispensent une formation **générale**, **technologique** et **pratique**. En contact étroit avec le monde professionnel, ce sont des lieux d'apprentissages spécifiques pour maîtriser les compétences d'un métier. La grande majorité sont des CFA (centres de formation d'apprentis).

QUI PEUT DEVENIR APPRENTI ?

L'âge minimum est de 16 ans.

Il peut être abaissé à 15 ans si le jeune a atteint cet âge entre la rentrée scolaire et le 31 décembre de l'année civile et qu'il a terminé son année de 3e.

QUELS DIPLÔMES PEUT-ON PRÉPARER ?

L'apprentissage permet d'accéder à tous les niveaux de qualification professionnelle du second degré ou du supérieur. La durée d'un contrat d'apprentissage varie entre 6 mois et 3 ans.

L'apprentissage permet de préparer

- **un diplôme de l'enseignement supérieur**
  - BTS : Brevet de technicien supérieur
  - BUT : Bachelor universitaire de technologie
  - Licences professionnelles
  - DNMAD : Diplôme national d'art et de design
  - Diplômes d'ingénieur
  - Diplômes d'école supérieure de commerce
  - Master
  - ...
- **un diplôme professionnel de l'enseignement secondaire**
  - CAP : certificat d'aptitude professionnelle
  - Baccalauréat professionnel
  - Brevet professionnel
  - Brevet des métiers d'art
  - Mention complémentaire

QUELS SECTEURS PROFESSIONNELS SONT CONCERNÉS ?

Tous les secteurs professionnels sont éligibles à l'apprentissage.

À NOTER

Le contrat d'apprentissage est un **vrai contrat de travail !**

L'APPRENTI EST-IL RÉMUNÉRÉ ?

L'apprenti perçoit un salaire dont le montant varie en fonction de l'âge et de la progression dans le ou les cycles de formation.

COMMENT SE DÉROULE L'ENSEIGNEMENT DANS LES ORGANISMES DE FORMATION ?

Le temps d'enseignement dans un organisme de formation pour apprentis **est plus court que celui** des formations dispensées dans les lycées professionnels ou technologiques sous statut scolaire. Cependant, il ne faut pas oublier que **le temps passé chez l'employeur est aussi un temps de formation**.

Les programmes de formation et les **épreuves d'examen sont identiques** pour les élèves et les apprentis préparant **les mêmes diplômes**.

Dans l'organisme de formation, **l'apprenti suit les enseignements prévus dans les référentiels de diplômes** : français, mathématiques, histoire-géographie, arts plastiques et cultures artistiques, éducation physique et sportive, prévention santé environnement, enseignement technologique et professionnel, langue vivante étrangère, etc.

COMMENT SE DÉROULE LA FORMATION CHEZ L'EMPLOYEUR ?

La formation de l'apprenti s'effectue également chez l'employeur pour lequel il travaille.

Chez l'employeur, l'apprenti est placé sous la responsabilité d'**un maître d'apprentissage** choisi en fonction de ses connaissances professionnelles.
Le maître d'apprentissage accompagne l'apprenti tout au long de sa formation **pour lui transmettre ses connaissances et savoir-faire**. Il est en relation avec le centre de formation d'apprentis.

TRAVAIL À FAIRE

1 Vrai ou faux ? **Coche la bonne réponse.**

	Vrai	Faux
Il faut être âgé de plus de 18 ans pour faire de l'apprentissage.	☐	☐
On ne peut pas faire de « bac pro » par apprentissage.	☐	☐
Les apprentis sont rémunérés.	☐	☐
Les diplômes obtenus par apprentissage sont équivalents aux diplômes obtenus en statut scolaire.	☐	☐
On peut obtenir des diplômes d'ingénieur par apprentissage.	☐	☐

2 Recherche sur Internet la rémunération brute mensuelle minimale d'un apprenti de 16 ans lors de sa 1re année.

....

....

JE DONNE MON AVIS !

3 **Écris ici ton avis personnel sur l'apprentissage.**

....

....

....

....

....

....

....

....

....

....

....

....

....

....

....

Je découvre les orientations possibles

Le lycée général et technologique

LA SECONDE GÉNÉRALE ET TECHNOLOGIQUE

La classe de Seconde générale et technologique (GT) est une classe de **consolidation d'une culture commune**, ainsi qu'une **classe de détermination** qui favorisera des choix d'orientation éclairés en Première.

La classe de Seconde comprend :
- des enseignements communs à tous les élèves ;
- un ou deux enseignements optionnels.

LE SAIS-TU ?

En 2de GT, environ **50 heures** sont dédiées à **l'accompagnement au choix de l'orientation**.
Ces heures sont consacrées à l'élaboration d'un projet menant au choix d'une voie de formation et des enseignements de spécialités.

La seconde générale et technologique dans mon lycée de secteur

- **Enseignements communs**
  - Français (4 h)
  - Histoire-géographie (3 h)
  - 2 Langues vivantes (5 h 30)
  - Sciences économiques et sociales (1 h 30)
  - Mathématiques (4 h)
  - Physique-chimie (3 h)
  - Sciences de la vie et de la Terre (1 h 30)
  - Éducation physique et sportive (2 h)
  - Enseignement moral et civique (18 h / an)
  - Sciences numériques et technologie (1 h 30)
  - Accompagnement personnalisé
  - Accompagnement au choix de l'orientation
  - Heures de vie de classe
- **Enseignements optionnels**
  - 2 enseignements maximum à choisir parmi :
    - ....
    - ....
    - ....
    - ....
    - ....
    - ....
    - ....
    - ....
    - ....
    - ....
    - ....

TRAVAIL À FAIRE

1 **Indique le nombre de matières** enseignées dans le module « enseignements communs ».

....

....

2 Si tu demandes une orientation en Seconde générale et technologique, tu seras affecté(e) dans ton **lycée de secteur**, c'est-à-dire celui qui dépend de ton lieu d'habitation. **Indique le nom et l'adresse** de ton lycée de secteur :

....

....

....

3 **Fais des recherches** sur les enseignements optionnels proposés par ton lycée de secteur et **complète** la carte mentale ci-dessus.

JE DONNE MON AVIS !

4 Parmi les enseignements optionnels proposés dans mon lycée de secteur, **j'entoure** en rouge le ou les deux enseignements que je souhaiterais suivre.

À NOTER

Si tu décides de t'orienter vers un autre lycée, il faudra faire une demande de dérogation.

LA SECONDE SPÉCIFIQUE STHR

La Seconde spécifique STHR s'adresse aux élèves qui souhaitent préparer le bac technologique Sciences et Technologies de l'hôtellerie et de la restauration (STHR).

- **La Seconde STHR**
  - **Enseignements communs**
    - Français (4 h)
    - Mathématiques (3 h)
    - Histoire-géographie (3 h)
    - 2 Langues vivantes (5 h)
    - Sciences (3 h)
    - Sciences et technologies culinaires (4 h)
    - Sciences et technologies des services (4 h)
    - Économie et gestion hôtelière (2 h)
    - Éducation physique et sportive (2 h)
    - Enseignement moral et civique (18 h/an)
    - Stages d'initiation ou d'application en milieu professionnel (4 semaines/an)
    - Accompagnement personnalisé
    - Accompagnement au choix de l'orientation
  - **2 enseignements optionnels au choix parmi**
    - Langue vivante C étrangère ou régionale (3 h)
    - Arts (3 h) : au choix, parmi arts plastiques ou cinéma-audiovisuel ou danse ou histoire des arts ou musique ou théâtre
    - Éducation physique et sportive (3 h)
    - Ateliers artistiques (72 h annuelles)

Les bacheliers STHR peuvent ensuite préparer un BTS (2 ans) ou un BUT (3 ans) dans le domaine des services hôteliers ou autres.

- **Poursuites d'études possibles après un bac STHR**
  - **BTS (brevets de technicien supérieur)**
    - BTS management en hôtellerie-restauration
    - BTS gestion de la PME
    - BTS management commercial opérationnel (MCO)
    - BTS tourisme
  - **BUT (bachelors universitaires de technologie)**
    - BUT GACO (gestion administrative et commerciale des organisations)
    - BUT GEA (gestion des entreprises et des administrations)

TRAVAIL À FAIRE

1 **Sur la première carte mentale, entoure en rouge** les enseignements spécifiques à l'hôtellerie et à la restauration.

LA VOIE TECHNOLOGIQUE APRÈS LA SECONDE GT

Après la Seconde générale et technologique, deux voies sont possibles.
L'une vers la **voie générale** et l'autre vers la **voie technologique** :

Il existe 8 filières technologiques possibles après la Seconde GT.

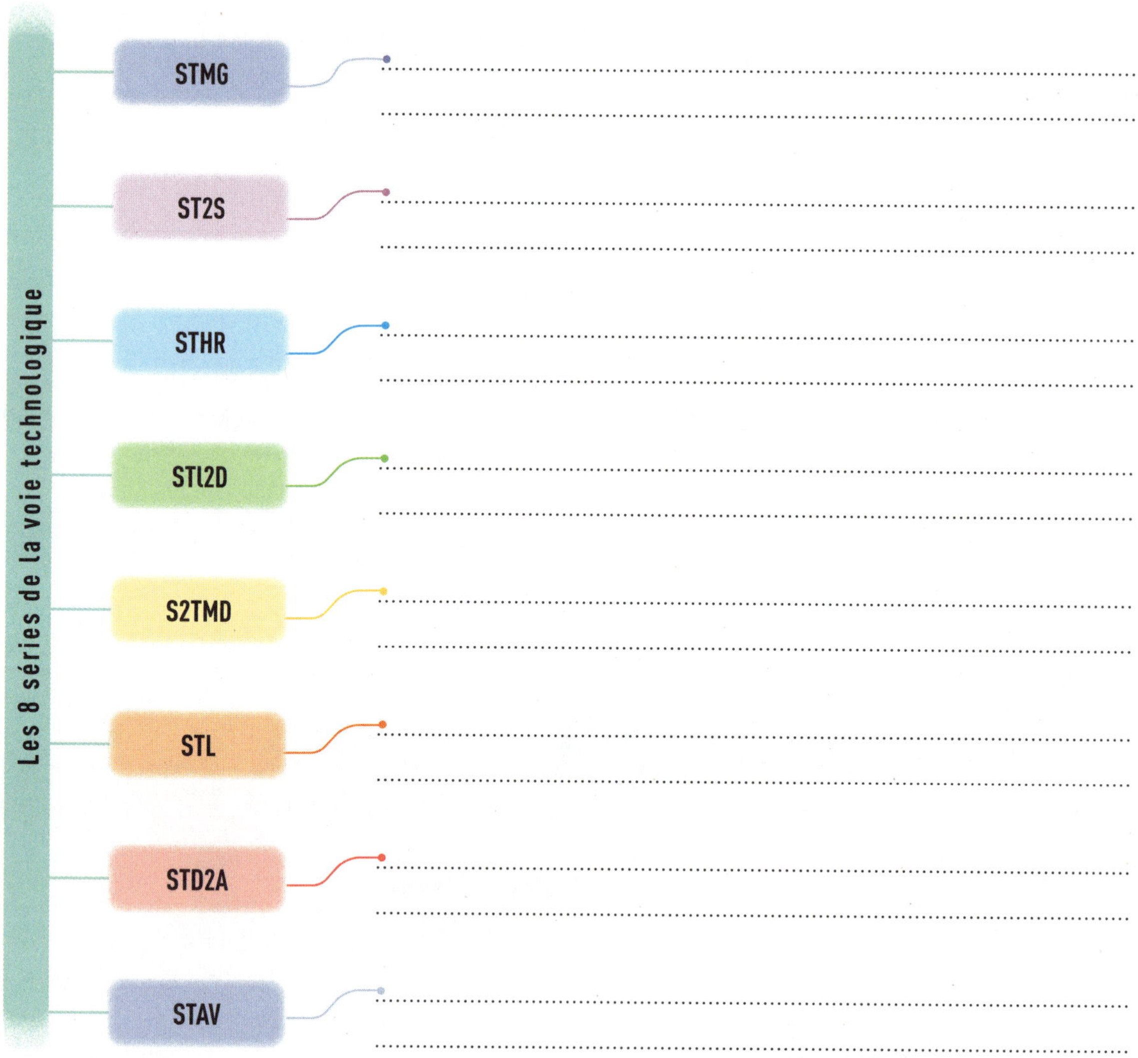

TRAVAIL À FAIRE

1 À partir de tes connaissances ou de recherches internet, **complète la carte mentale précédente en y indiquant les intitulés complets** des 8 filières technologiques possibles après la seconde GT.

LE SAIS-TU ?

Après l'obtention de leur bac technologique, 39,5 % des diplômés poursuivent leurs études vers un BTS, 14,5 % vers BUT, 15,5 % vers l'université, tandis que 9 % se dirigent vers des écoles spécialisées et 19,5 % vers une autre formation ou la vie active.

TRAVAIL À FAIRE

2 Relie le sigle de la série à son descriptif :

Sigle	Descriptif de la série
STMG	Elle a pour objectif de préparer les élèves à des poursuites d'études diversifiées dans le domaine des sciences de gestion, du droit et de l'économie.
ST2S	Elle s'adresse aux élèves manifestant de l'intérêt pour l'environnement et les défis sociétaux afférents, notamment à l'alimentation et aux dynamiques d'évolution des territoires.
STHR	Elle s'adresse aux élèves intéressés par les questions de santé ou les faits sociaux et désireux de s'orienter vers les formations supérieures (BUT, IFSI, EFTS, licences, BTS) des domaines paramédicaux et sociaux, des secteurs de la beauté et du bien-être et des services à l'environnement.
STI2D	Elle s'adresse aux élèves désireux de s'orienter vers les métiers du design et/ou les métiers d'art. Ces domaines de la création et de la conception couvrent des secteurs aussi divers que ceux de l'objet, l'espace, le graphisme, le numérique, la mode, le textile, l'événement, le spectacle.
S2TMD	Elle a pour objectif de développer une base culturelle technologique forte pour favoriser la poursuite d'études supérieures, notamment dans le BTS phare du secteur : le BTS management en hôtellerie-restauration.
STL	Elle s'adresse aux jeunes qui aiment l'expérimentation en laboratoire. Les élèves y acquièrent une solide formation en sciences : biochimie-biologie, mathématiques et physique-chimie.
STD2A	Elle s'adresse aux jeunes qui s'intéressent aux sciences et à la technologie, pour résoudre des problèmes concrets en réponse aux besoins des personnes et de la société. La vocation de cette série est de permettre aux jeunes d'accéder, au terme de leur formation, aux qualifications d'ingénieur.
STAV	Elle s'adresse aux élèves engagés dans un parcours de formation artistique exigeant et qui envisagent de s'orienter vers les nombreux métiers de la création artistique, du spectacle vivant, ou encore de la gestion et de la médiation culturelles.

JE DONNE MON AVIS !

3 **Indique la série** qui serait susceptible de t'intéresser et **justifie** ton choix :

....

....

....

....

LA VOIE GÉNÉRALE APRÈS LA SECONDE GT

Si tu poursuis en voie générale après la Seconde, tu devras choisir **3** spécialités en Première et **2** en Terminale, soit **12 heures au total**. Tu pourras ainsi **approfondir** certaines disciplines et **préparer ton orientation**.

Le choix des spécialités en classe de Première **aura une influence sur ton orientation** après le bac.

Les 13 enseignements de spécialité de La voie générale

- Arts : histoire des arts, théâtre, arts plastiques, musique, etc.
- Biologie, écologie (dans les lycées agricoles uniquement)
- Éducation physique, pratiques et cultures sportives
- Histoire-géographie, géopolitique et sciences politiques
- Humanités, littérature et philosophie
- Langues, littératures et cultures étrangères et régionales
- Littérature et langues et cultures de l'Antiquité
- Mathématiques
- Numérique et sciences informatiques
- Physique-chimie
- Sciences de la vie et de la Terre
- Sciences de l'ingénieur
- Sciences économiques et sociales

À NOTER

Le choix de tes spécialités te revient. Cette décision mérite d'être bien réfléchie. D'abord, au **deuxième trimestre de la Seconde**, on te demandera de choisir les trois spécialités de la Première. Puis, entre **janvier et mars de l'année de Première**, tu devras choisir la spécialité que tu ne suivras plus en Terminale. La plupart des vœux d'orientation après le bac se font dans la continuité des spécialités du lycée. **Un mauvais choix peut te fermer des portes !**

LE SAIS-TU ?

Après l'obtention de leur bac général, **46 % des diplômés** poursuivent leurs études vers l'université, **7 %** vers un BUT, **9 %** vers un BTS, **10 %** vers une classe prépa, tandis que **15 %** se dirigent vers des écoles spécialisées et **13 %** vers une autre formation ou la vie active.

JE DONNE MON AVIS !

En m'aidant de la fiche guide p. 77, je réponds aux questions suivantes.

1. **J'indique les trois enseignements** de spécialité que je choisirai :

....

....

....

2. **J'indique ensuite les univers de formation et les métiers** qui me sont proposés.

....

....

Comment choisir les séries ou les spécialités en fin de Seconde ?

ÉTAPE 1 Je vais sur le site HORIZONS21.

© ONISEP

bordas.media/740262_57

ÉTAPE 2 Je clique sur « Seconde générale et technologique » puis sur « Première générale » ou « Première technologique ».

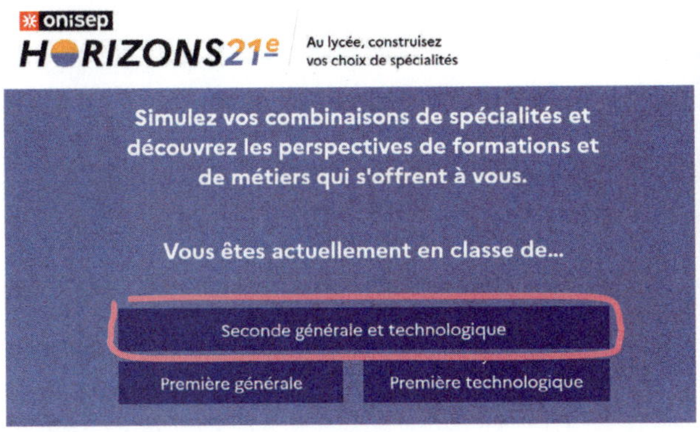

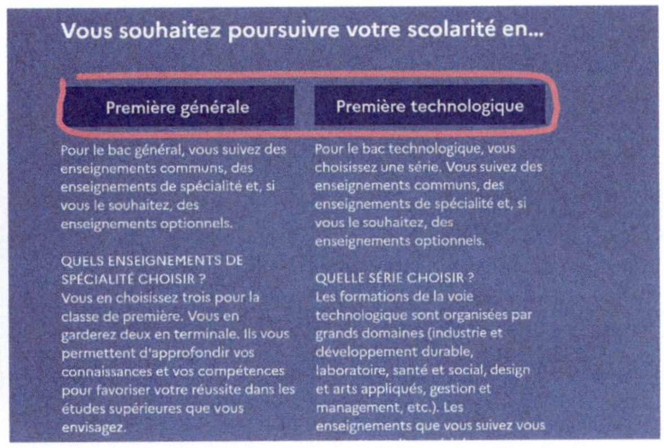

Pour la Première générale

ÉTAPE 3 Je choisis 3 spécialités. Le site me propose des secteurs professionnels accessibles grâce à ces spécialités.

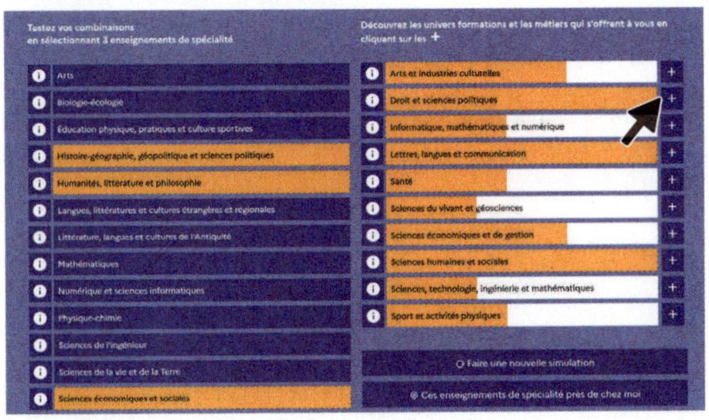

ÉTAPE 4 En cliquant sur les « + », j'ai des détails sur les formations et métiers du secteur choisi :

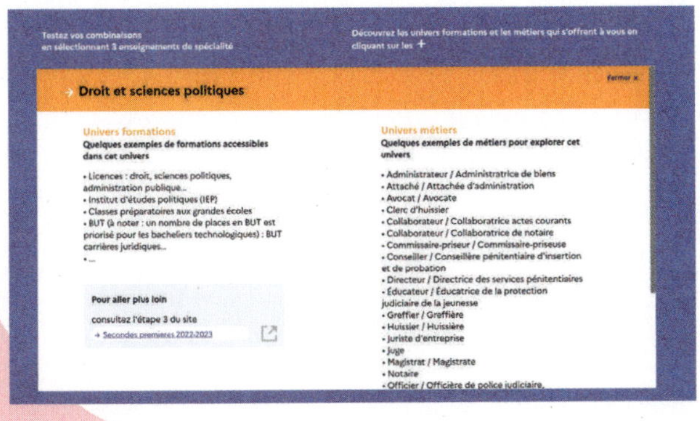

Pour la Première technologique

ÉTAPE 3 Je choisis une série technologique.

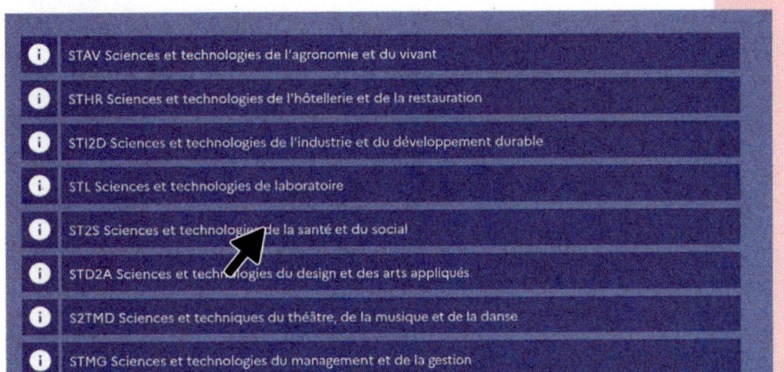

ÉTAPE 4 Le site me propose des secteurs professionnels accessibles grâce à cette série.

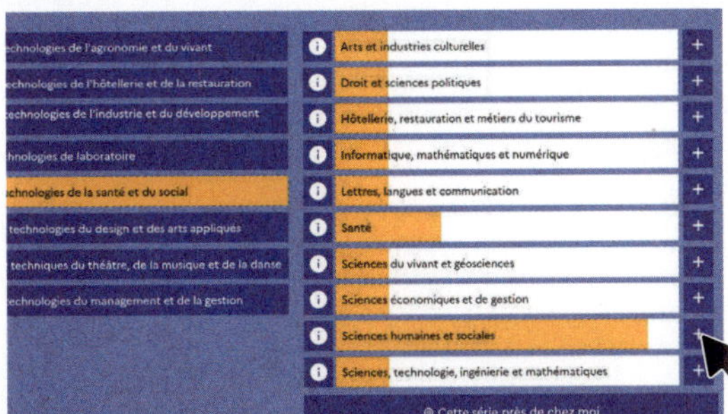

ÉTAPE 5 En cliquant sur les « + », j'ai des détails sur les formations et métiers du secteur choisi.

Je fais le bilan de mes recherches

Je complète mon ou mes projets d'orientation en **cochant** ou en **remplissant** les bulles.

VERS LE CAP

☐ Par apprentissage ☐ Par voie scolaire

CAP :

....

....

....

→ Objectifs (métiers ou univers) :

....

....

....

VERS LE BPA

☐ Par apprentissage ☐ Par voie scolaire

BPA :

....

....

....

→ Objectifs (métiers ou univers) :

....

....

....

VERS LE BAC PRO

☐ Par apprentissage ☐ Par voie scolaire

La ou les familles de métiers :

....

....

....

Le ou les noms des lycées professionnels :

....

....

....

→ La ou les spécialités :

....

....

....

→ La poursuite d'études après le bac pro :

....

....

....

→ Objectifs (métiers ou univers) :

....

....

....

....

....

....

....

....

VERS LA 2DE STHR

Le nom du lycée et des enseignements optionnels :	→	La poursuite d'études après le bac :	→	Objectifs (métiers ou univers) :
....		....		....
....		....		....
....		....		....
....		....		....
....		....		....

VERS LE BAC GÉNÉRAL ET TECHNOLOGIQUE

Le nom du lycée et des enseignements optionnels :

....

....

Vers la 1re générale La liste des 3 spécialités :	→	La poursuite d'études après le bac :	→	Objectifs (métiers ou univers) :
....		....		....
....		....		....
....		....		....
....		....		....
....		....		....

Vers la 1re technologique Le nom de la ou les séries :	→	La poursuite d'études après le bac :	→	Objectifs (métiers ou univers) :
....		....		....
....		....		....
....		....		....
....		....		....
....		....		....

JE DONNE MON AVIS !

✸ Grâce à mes recherches et à ce bilan, **je fais une synthèse sur mes souhaits d'orientation** après ma classe de 3e :

....

....

....

....

GLOSSAIRE DE SIGLES

BMA	Brevet des métiers d'art
BP	Brevet professionnel
BPA	Brevet professionnel agricole
BTS	Brevet de technicien supérieur (Bac + 2)
BTSA	Brevet de technicien supérieur agricole (Bac + 2)
BUT	Bachelor universitaire de technologie (Bac + 3)
CAP	Certificat d'aptitude professionnelle
CAPA	Certificat d'aptitude professionnelle agricole
CFA	Centre de formation d'apprentis. Les CFA donnent aux apprentis une formation générale et technique qui complète la formation reçue dans les entreprises.
CIO	Centre d'information et d'orientation. Les CIO sont répartis sur le territoire national. Ils participent au service public régional pour l'orientation.
MC	Mention complémentaire
MFR	Maison familiale rurale
PP	Professeur principal, votre interlocuteur privilégié.
PsyEN	Psychologue de l'Éducation nationale : Sa mission est de contribuer à créer les conditions d'un équilibre psychologique des élèves favorisant leur réussite et leur investissement scolaires. Il accompagne les élèves et les étudiants dans l'élaboration progressive de leur projet d'orientation.
2de GT	Seconde générale et technologique
2de PRO	Seconde professionnelle

Crédits photographiques

Couverture : g : Cookie Studio/Shutterstock ; m : © Gelpi/Shutterstock ; d : © Ranta Images/Shutterstock • 7 ht © Surti/Istock • 7 bas © 4PM Production/Shutterstock • 9 ht © Milan Markovic/Istock • 9 bas © Cynoclub/Adobe Stock Photo • 11 ht © A. Jacob Lund/Adobe Stock Photo • 11 bas © Sturti/Istock • 13 ht © Andrey Popov/Adobe Stock Photo • 13 bas © Ferran Traité Solar/Istock • 15 ht © Pas-cal Bachelet/BSIP • 15 bas © Dusanpetkovic1/Adobe Stock Photo • 17 ht © Chris Joubert/Istock • 17 bas © Alvarez/Istock • 19 ht © Andrey Popov/Istock • 19 bas © Media Raw Stock/Istock • 21 ht © Auremar/Adobe Stock Photo • 21 bas © Goodluz/Adobe Stock Photo • 23 ht © Kinga/Shutterstock • 23 bas © Auremar/Adobe Stock Photo • 25 ht © Aya images/Shutterstock • 25 bas © Patrice Latron/Look at sciences • 27 ht © Seventy Four/Istock • 27 bas © Seventy Four/Shutterstock • 29 ht © Littlewolf1989/Adobe Stock Photo • 29 bas © Christophe Recoura/Fotoreso • 31 ht © DWLab incorporated/Shutterstock • 31 bas © Koutun Dmitriy/Shutterstock • 33 ht © Andrys Lukowski/Adobe Stock Photo • 33 bas © Monkey Business Images/Shutterstock • 35 ht © Matej Kastelic/Shutterstock • 35 bas © Ryankin999/Adobe Stock Photo • 37 ht © Gennadiy Poznyakov/Adobe Stock Photo • 37 bas © vetal1983/Adobe Stock Photo • 58 © 4PM Production/Shutterstock • 59 © Chesky/Shutterstock • 70 g © Monkey Business Images/ Shutterstock • 70 m © ZZZDIM/Adobe Stock Photo • 70 d © Krakenimages.com/Adobe Stock Photo • 71 ht d © Gonzagon/Adobe Stock Photo • 71 bas © Goodluz/Shutterstock

Illustrations non référencées : Freepik

QR Code, marque déposée par la société Denso Wave Incorporated

Ce cahier a été imprimé en France en Aout 2023
par IPS, imprimeur certifié IMPRIM'VERT®
N° de projet : 10294955 • Dépôt légal : avril 2023